von Blohn/Schucht

Standardfälle Polizei- und Ordnungsrecht

3. Auflage 2013

ISBN 978-3-86724-190-8

3. Auflage 2013

© 2013 niederle media

Bezug möglich direkt vom Verlag
niederle media
48341 Altenberge
Fax (02505) 93 98 99
E-Mail: info@niederle-media.de
www.niederle-media.de

▶ Inhalt

▶ Standardfälle Polizei- und Ordnungsrecht

▶ Vorwort

Dieses Skript ist gedacht als Einführung in die Rechtsprobleme aus dem Polizei- und Ordnungsrecht, die typischerweise Gegenstand der Übung im Öffentlichen Recht für Fortgeschrittene sind. Es enthält 9 Fälle, mit denen die ganze Bandbreite in Bezug auf den Schwierigkeitsgrad abgedeckt wird, der in dieser Übung zu erwarten ist.

Mit der Auswahl unserer Fälle erheben wir keinen Anspruch auf Vollständigkeit. Angesichts der begrenzten Seitenzahl und eingedenk der Fülle an „Stoff", der zum allgemeinen und besonderen Polizei- und Ordnungsrecht gehört, sahen wir unsere Aufgabe vornehmlich darin, möglichst viele klausurtypische Konstellationen aus dem Polizei- und Ordnungsrecht abzubilden. Dass dabei Institute wie der Gefahrenverdacht zu kurz oder Standardmaßnahmen wie die Wohnungsverweisung oder die Schleierfahndung ganz außen vor bleiben mussten, sehen wir zwar mit Bedauern, halten dies aber doch für verschmerzbar. Denn wenn Sie dieses Buch gelesen und unsere Lösungen gedanklich nachvollzogen haben, werden Sie in der Lage sein, auch Klausuren zu anderen Themenkreisen aus dem Polizei- und Ordnungsrecht zu bewältigen.

Dieses Skript ersetzt freilich kein Lehrbuch. Es stellt vielmehr die ideale Ergänzung dar, weil es praktisch zeigt, wie das in den Lehrbüchern vermittelte Wissen mitsamt den dieses Rechtsgebiet prägenden Grundstrukturen in der Klausur und damit im universitären Ernstfall anzuwenden ist.

Regelmäßig sind die **wichtigsten Parallelnormen aller Bundesländer** aufgelistet. Schlagen Sie diese Normen jeweils nach und lesen Sie diese aufmerksam durch.

Wenn Sie Fragen oder Anregungen zur Lösung eines Falles haben, Kritik äußern oder uns loben wollen, zögern Sie bitte nicht, Kontakt zu uns aufzunehmen. Sie erreichen uns unter folgender E-Mail-Adresse: *carsten.schucht@noerr.com*

Gesetze, Rechtsprechung und Literatur sind auf dem Stand vom 1.12.2012.

München, im Dezember 2012

Carolin von Blohn
Carsten Schucht

▶ Unsere 📖 Skripten 📇 Karteikarten 𝄞 Hörbücher (CD & MP3)

Zivilrecht

📖 Standardfälle für Anfänger (7,90 €)
📖 Grundlagen und Fälle BGB für 1. und 2. Sem. (9,90 €)
📖 𝄞 Standardfälle BGB AT (7,90 €)
📖 𝄞 Standardfälle Schuldrecht (7,90 €)
📖 𝄞 Standardfälle Ges. Schuldverh., §§ 677, 812,823
📖 𝄞 Standardfälle Sachenrecht (7,90 €)
📖 𝄞 Standardfälle Familien- und Erbrecht (7,90 €)
📖 Klausuren Übung für Fortgeschrittene (7,90 €)
📖 𝄞 Basiswissen BGB (AT) (Frage-Antwort)
📖 𝄞 Basiswissen SchuldR (AT) 📖 𝄞 SchuldR (BT) (7 €)
📖 𝄞 Basiswissen Sachenrecht, 📖 𝄞 FamR, 📖 𝄞 ErbR
📖 Einführung in das Bürgerliche Recht (7,90 €)
📖 Studienbuch BGB (AT) (12 €)
📖 Studienbuch Schuldrecht (AT) (12 €)
📖 Schuldrecht (BT) 1 - §§ 437, 536, 634, 670 ff. (7,90 €)
📖 Schuldrecht (BT) 2 - §§ 812, 823, 765 ff. (7,90 €)
📖 SachenR 1 – Bewegl. S., 📖 SachenR 2 – Unb. S. (7,9 €)
📖 Familienrecht und 📖 Erbrecht (Einführungen) (7,90 €)
📖 Streitfragen Schuldrecht (7,90 €)
📖 𝄞 Definitionen für die Zivilrechtsklausur (9,90 €)

Strafrecht

📖 𝄞 Standardfälle für Anfänger Band 1 (9,90 €)
📖 Standardfälle für Anfänger Band 2 (7,90 €)
📖 Standardfälle für Fortgeschrittene (12 €)
📖 𝄞 Basiswissen Strafrecht (AT) (Frage-Antwort)
📖 𝄞 Basiswissen Strafrecht BT 1 und 📖 𝄞 BT 2 (7 €)
📖 Strafrecht (AT) (7,90 €)
📖 Strafrecht (BT) 1 – Vermögensdelikte (7,90 €)
📖 Strafrecht (BT) 2 – Nichtvermögensdelikte (7,90 €)
📖 𝄞 Definitionen für die Strafrechtsklausur (7,90 €)
Irrtümer und Änderungen vorbehalten!

Öffentliches Recht

📖 Standardfälle Staatsrecht I – StaatsorgaR (9,90 €)
📖 Standardfälle Staatsrecht II – Grundrechte (9,90 €)
📖 𝄞 Standardfälle f. Anfänger (StaatsorgaR u. GRe) (7,9 €)
📖 Standardfälle Verwaltungsrecht (AT) (9,90 €)
📖 Standardfälle Polizei- und Ordnungsrecht (7,90 €)
📖 Standardfälle Baurecht (9,90 €)
📖 Standardfälle Europarecht (9,90 €)
📖 Standardfälle Kommunalrecht (7,90 €)
📖 𝄞 Basiswissen StaatsR I –StaatsorgaR (Fr-Antw.) (7 €)
📖 𝄞 Basiswissen StaatsR II –GrundR (Frage-Antw.) (7 €)
📖 Basiswissen VerwaltungsR AT– (Frage-Antwort) (7 €)
📖 Studienbuch Staatsorganisationsrecht (9,90 €)
📖 Studienbuch Grundrechte (9,90 €)
📖 Studienbuch Verwaltungsrecht AT (9,90 €)
📖 Studienbuch Europarecht (12 €) u. 𝄞 Basiswissen EuR
📖 Staatshaftungsrecht (9,90 €)
📖 VerwaltungsR AT 1 – VwVfG u. 📖 AT 2–VwGO (7,90 €)
📖 VerwaltungsR BT 1 – POR (7,90 €)
📖 VerwaltungsR BT 2 – BauR 📖 BT 3 – UmweltR (7,90 €)
📖 𝄞 Definitionen Öffentliches Recht (9,90 €)

Steuerrecht

📖 Abgabenordnung (AO) (9,90 €)
📖 Einkommensteuerrecht (EStG) (9,90 €)
📖 Umsatzsteuerrecht (9,90 €)
📖 Erbschaftsteuerrecht (9,90 €)
📖 Steuerstrafrecht/Verfahren/Steuerhaftung (7,90 €)

Sozialrecht

📖 Kinder- und Jugendhilferecht (7,90 €)
📖 Sozpäd. Diagn.: SPFH & ambul. Hilfen d. KJH
📖 Sozialrecht (7,90 €)

Nebengebiete

📖 𝄞 Standardfälle Handels- & GesR (7,90 €)
📖 𝄞 Standardfälle Arbeitsrecht (7,90 €)
📖 Standardfälle ZPO (9,90 €)
📖 𝄞 Basiswissen HandelsR (Frage-Antwort) (7,9 €)
📖 𝄞 Basiswissen Gesellschaftsrecht (7,90 €)
📖 𝄞 Basiswissen ZPO (Frage-Antwort) (7,90 €)
📖 𝄞 Basiswissen StPO (Frage-Antwort) (7,90 €)
📖 Handelsrecht (7,90 €)
📖 Gesellschaftsrecht (7,90 €)
📖 Arbeitsrecht (7,90 €)
📖 Kollektives Arbeitsrecht (9,90 €)
📖 ZPO I – Erkenntnisverfahren (7,90 €)
📖 ZPO II – Zwangsvollstreckung (7,90 €)
📖 Strafprozessordnung – StPO (7,90 €)
📖 Einf. Internationales Privatrecht - IPR (9,90 €)
📖 Standardfälle IPR (9,90 €)
📖 Einf. Internationales Wirtschaftsrecht (9,90 €)
📖 Insolvenzrecht (9,90 €)
📖 Gewerbl. Rechtsschutz/Urheberrecht (9,90 €)
📖 Wettbewerbsrecht (9,90 €)
📖 Ratgeber 500 Spezial-Tipps für Juristen (12 €)
📖 Mediation (7,90 €)

Karteikarten (je 9,90 €)

📇 Zivilrecht: BGB AT/Grundlagen/ 𝄞 Schemata
📇 Strafrecht: AT/BT-1/BT-2/Streitfragen
📇 Öffentliches Recht: StaatsorgaR/GrundR/VerwR

Assessorexamen

📖 Der Aktenvortrag im Strafrecht (7,90 €)
📖 Der Aktenvortrag im Zivilrecht (7,90 €)
📖 Der Aktenvortrag im Öffentlichen Recht (7,90 €)
📖 Staatsanwaltl. Sitzungsdienst & Plädoyer (7,90 €)
📖 Die strafrechtliche Assessorklausur (7,90 €)
📖 Die Assessorklausur VerwR Bd. 1 (7,90 €)
📖 Die Assessorklausur VerwR Bd. 2 (7,90 €)
📖 Vertragsgestaltung in der Anwaltsstation (7 €)

Irrtümer und Änderungen vorbehalten!

BWL

📖 Einführung i. die Betriebswirtschaftslehre (7,90 €)
📖 Marketing (7 €)
📖 Organisationsgestaltung & -entwickl. (7,90 €)
📖 Internationales Management (7 €)
📖 Wie gelingt meine wiss. Abschlussarbeit? (7 €)

Irrtümer und Änderungen vorbehalten!

Schemata

📖 Die wichtigsten Schemata-ZivR,StrafR,ÖR (12 €)
📖 Die wichtigsten Schemata–Nebengebiete (9,90 €)

𝄞 bedeutet: auch als **Hörbuch** (CD oder MP3-Download) lieferbar!

Im **niederle-shop.de** bestellte Artikel treffen idR *nach 1-2 Werktagen* ein!

Fall 1: *Home sweet home*

▶ **Standort:** Obdachloseneinweisung; Obdachlosigkeit als Gefahr für die öffentliche Sicherheit oder Ordnung; Pflichtigkeit; polizeilicher Notstand; Folgenbeseitigungsanspruch

Die alleinerziehende Anja Arm (A) wohnt mit ihren drei minderjährigen Kindern in der Wohnung des Vermieters V. Da A seit fünf Monaten in Folge ihre Miete nicht mehr entrichtet hat, macht V von seinem Recht zur außerordentlichen fristlosen Kündigung des Mietvertrages Gebrauch.

A weigert sich zunächst, die Wohnung zu verlassen. Schließlich wird sie jedoch zur Räumung der Wohnung verurteilt. In Ihrer Verzweiflung wegen des bevorstehenden Winters wendet sich A aufgrund der in den nächsten Tagen bevorstehenden Zwangsräumung an die zuständige Ordnungsbehörde.

Die Ordnungsbehörde möchte den Sachverhalt ohne allzu großen Arbeitsaufwand lösen. Dazu erlässt sie eine formell ordnungsgemäß ergangene Einweisungsverfügung an V, mit der V verpflichtet wird zu dulden, dass A und ihre Kinder für vier weitere Monate in seiner Wohnung bleiben. A wird mitgeteilt, dass sie in der Wohnung des V vorerst bleiben darf (Zuweisung).

Eine andere Möglichkeit der Unterbringung von A und ihren Kindern wie z.B. in der gemeindlichen Obdachlosenunterkunft oder durch Anmietung einer anderen Wohnung wurde von Seiten der Behörde nicht in Betracht gezogen.

Ist die Einweisungsverfügung rechtmäßig?

Zusatzfrage:
Unterstellen Sie, dass die Einweisungsverfügung rechtmäßig ist und A mit ihren Kindern weiterhin in der Wohnung des V wohnt. Nach Ablauf der vier Monate weigert sich A jedoch, die Wohnung zu verlassen. Die Ordnungsbehörde bleibt dessen ungeachtet untätig, obwohl andere Möglichkeiten der Unterbringung zur Verfügung stehen. Hat V einen Anspruch gegen die Behörde auf Räumung seiner Wohnung?

Bearbeitervermerk:
Die Klausur ist nach dem Landesrecht von Nordrhein-Westfalen zu lösen.

8

A. Hauptfall

I. Befugnisnorm
1. Zulässigkeit des Rückgriffs auf die ordnungsbehördlichen Befugnisnormen
2. Sicherstellung, § 24 Nr. 13 nwOBG i.V.m. § 43 Nr. 1 nwPolG
3. Betreten und Durchsuchung von Wohnungen, § 24 Nr. 13 nwOBG i.V.m. § 41 nwPolG
3. Generalklausel, § 14 Abs. 1 nwOBG
II. Formelle Rechtmäßigkeit
III. Materielle Rechtmäßigkeit
1. Gefahr für die öffentliche Sicherheit oder Ordnung
2. Pflichtigkeit
3. (Zwischen-)Ergebnis
IV. Ergebnis

B. Zusatzfrage

I. Herleitung
II. Hoheitlicher Eingriff
III. Subjektives Recht
IV. Schaffung und Andauern eines rechtswidrigen Zustands
V. Tatsächliche Möglichkeit, rechtliche Zulässigkeit und Zumutbarkeit der Wiederherstellung
1. Tatsächliche Möglichkeit
2. Rechtliche Zulässigkeit
3. Zumutbarkeit
VI. Ergebnis

Vorüberlegung: Fall 1 ist einer der *Klassiker* im Polizei- und Ordnungsrecht (im Folgenden „POR"). Sie sollten sich mit dieser Fragestellung daher intensiv beschäftigen!

Was die Fallfrage anbelangt, wird von Ihnen „nur" verlangt, dass Sie die Rechtmäßigkeit einer Ordnungsverfügung prüfen. Da hier weder ein Widerspruch noch eine Klage erhoben wurden, spielen Fragen der Zulässigkeit dieser beiden Rechtsbehelfe keine Rolle.

Mit der Zusatzfrage sollen Ihre – hoffentlich vorhandenen – Kenntnisse des Folgenbeseitigungsanspruchs (im Folgenden „FBA") geprüft werden. Dieser gesetzlich nicht normierte – und daher für jeden Klausurersteller überaus attraktive – Anspruch des Bürgers gegen den Staat spielt insbesondere im POR eine große Rolle.

Das Vorliegen der Voraussetzungen eines FBA im Falle der Wiedereinweisung in eine bereits bewohnte Wohnung ist im Einzelnen umstritten. Die hier gewählte Lösung folgt der h.M.

> **Klausurhinweis:** Einzuleiten ist die Lösung stets mit einem *Obersatz,* der auf die Fallfrage Bezug nimmt.

Diese Überlegung führt zu folgendem Obersatz:

A. Hauptfall

Die Einweisungsverfügung der Ordnungsbehörde ist rechtmäßig, wenn sie auf eine Befugnisnorm gestützt werden kann (dazu I.), sie formell (dazu II.) und materiell (dazu III.) rechtmäßig ist.

> **Hinweis zur Terminologie:**
> 1) Wenn Sie sich im POR bewegen, sprechen Sie anstelle von einer *Ermächtigungs-* bzw. *Rechtsgrundlage* lieber von einer *Befugnisnorm.* Denn eine der grundlegenden Unterscheidungen im POR ist die zwischen *Aufgaben(zuweisungs)normen* und *Befugnisnormen.*[1] Im Folgenden werden die Begriffe Befugnisnorm und Rechtsgrundlage verwendet.
>
> 2) Bei der Obdachlosenunterbringung wird der Begriff der „Einweisungsverfügung" z.T. auch abweichend verwandt. Er bezeichnet dann eine Maßnahme, die ggü. dem Obdachlosen ergeht. Die Maßnahme, die an den Wohnungseigentümer ergeht, wird vielfach auch als Duldungsverfügung oder Wohnraumbeschlagnahme bezeichnet. Also nicht verwirren lassen!

I. Befugnisnorm

Da die Wohnungseinweisung für V einen Eingriff in seine Rechte bedeutet, bedarf die Ordnungsbehörde wegen des rechtsstaatlichen Vorbehalts des Gesetzes einer dem Bestimmtheitsgebot genügenden Befugnisnorm.

1. Zulässigkeit des Rückgriffs auf die ordnungsbehördlichen Befugnisnormen

Da vorliegend keine sondergesetzlichen Eingriffsermächtigungen ersichtlich sind, kann die Ordnungsbehörde gemäß § 14 Abs. 2 Satz 2 nwOBG auf die Befugnisnormen des Ordnungsgesetzes zurückgreifen.

---

[1] Lesenswert zum Verständnis die zwar knappen, aber prägnanten Ausführungen bei *Schoch,* POR, in: Schmidt-Aßmann/Schoch, Besonderes Verwaltungsrecht, 14. Aufl. 2008, 2. Kap., Rn. 32 f.

> **Klausurhinweis:** Früher war hier das Wohnraumbewirtschaftungsgesetz zu beachten. Da dieses inzwischen aufgehoben worden ist, werden von Ihnen freilich keine Ausführungen mehr zu diesem Gesetz erwartet.[2]

Unter den Befugnisnormen des nordrhein-westfälischen Ordnungsbehördengesetzes sind nach dem Grundsatz „lex specialis derogat legi generali" zuerst die Standardmaßnahmen zu prüfen. Diese sind in § 24 nwOBG abschließend aufgezählt.

2. Sicherstellung, § 24 Nr. 13 nwOBG i.V.m. § 43 Nr. 1 nwPolG[3]

In Betracht kommt eine Sicherstellung nach § 24 Nr. 13 nwOBG i.V.m. § 43 Nr. 1 nwPolG.[4]

> **Klausurhinweis:** Denken Sie bitte stets daran, die Normen, die Sie prüfen, auch zu zitieren!

Danach kann die Ordnungsbehörde eine Sache sicherstellen, wenn eine gegenwärtige Gefahr vorliegt (sog. eingeschränkte Generalklausel).

a) Unter dem Rechtsbegriff der Sicherstellung versteht man die Beendigung des Gewahrsams des Eigentümers oder sonstigen Berechtigten einer Sache unter Begründung neuen Gewahrsams durch die Polizei oder die von ihr beauftragten Personen zum Zwecke der Gefahrenabwehr.[5] Die Befugnis zur Sicherstellung ist Handlungsbefugnis, aber auch Befugnis zur Anordnung, die fragliche Sache herauszugeben.[6]

---

[2] Siehe aber auch *Gornig/Jahn*, Fälle zum POR, 3. Aufl. 2006, S. 196.

[3] § 33 bwPolG; § 38 berlASOG; § 23 bbgOBG i.V.m. § 25 bbgPolG; § 23 bremPolG; § 14 hambSOG; § 40 hessSOG; § 61 mvSOG; § 26 ndsSOG; § 22 rpPOG; § 21 saarlPolG; § 27 sächsPolG; § 45 saSOG; § 210 shLVwG; § 22 thürOBG.

[4] Wie die meisten Polizeigesetze der Länder (Ausnahme: § 33 bwPolG; § 27 sächsPolG) kennt auch das nordrhein-westfälische Polizeigesetz keine Beschlagnahme als Standardmaßnahme, sodass hier nur die Sicherstellung in Frage kommt.

[5] Denken Sie daran, dass durch die Sicherstellung ein öffentlich-rechtliches Verwahrungsverhältnis entsteht.

[6] *Pieroth/Schlink/Kniesel*, POR, 7. Aufl. 2012, § 19, Rn. 1.

Eine Sicherstellung dient dazu, von der sichergestellten Sache eine Gefahr abzuwenden, die dieser droht, oder eine Gefahr zu verhindern, die von der Sache ausgeht.

b) Ob die Sicherstellung hier angewendet werden kann, ist aus mehreren Gründen fraglich, die im Folgenden näher zu beleuchten sind:

aa) Erstens könnte die Standardmaßnahme der Sicherstellung schon deshalb ausscheiden, weil die Wohnung eine unbewegliche Sache ist. Nach ganz h. M. findet die Sicherstellung aber auch bei unbeweglichen Sachen Anwendung.[7]

bb) Zweitens stellt die Obdachlosigkeit von A und ihren Kindern keine Gefahr dar, die der Wohnung des V droht oder die von ihr ausgeht.

cc) Drittens setzt die Sicherstellung die Begründung behördlichen Gewahrsams an der Sache voraus. Gewahrsam bedeutet die tatsächliche Sachherrschaft an der Sache. Infolge der Einweisung erlangt diese jedoch nur der Obdachlose, wohingegen die einweisende Ordnungsbehörde keine Sachherrschaft erlangt.

Nach anderer Auffassung soll es hingegen ausreichen, dass der Eingewiesene den überlassenen Gewahrsam ausübt.

Weil es bei der Sicherstellung indes um die Begründung *amtlichen Gewahrsams* geht, vermag diese Ansicht nicht zu überzeugen.

dd) Somit ist die Sicherstellung gemäß § 24 Nr. 13 nwOBG i.V.m. § 43 Nr. 1 nwPolG keine taugliche Rechtsgrundlage für die Einweisungsverfügung.

3. Betreten und Durchsuchung von Wohnungen, § 24 Nr. 13 nwOBG i.V.m. § 41 nwPolG[8]

§ 24 Nr. 13 nwOBG i.V.m. § 41 nwPolG kommt hier ebenfalls nicht als Befugnisnorm in Betracht, da diese Standardmaßnahme zwar zum Betreten der Wohnung, nicht aber zu einer Zwangseinweisung ermächtigt.

---

7 *Gornig/Jahn*, Fälle zum POR, 3. Aufl. 2006, S. 197.
8 § 31 bwPolG; § 36 berlASOG; § 23 bbgOBG i.V.m. § 23 bbgPolG; § 21 bremPolG; § 16 hambSOG; § 38 hessSOG; § 59 mvSOG; § 24 ndsSOG; § 20 rpPOG; § 19 saarlPolG; § 25 sächsPolG; § 43 saSOG; § 208 shLVwG; § 20 thürOBG.

4. Generalklausel, § 14 Abs. 1 nwOBG[9]

Als Ermächtigungsgrundlage könnte schließlich die ordnungsbehördliche Generalklausel nach § 14 Abs. 1 nwOBG herangezogen werden. Danach kann die Ordnungsbehörde die notwendigen Maßnahmen treffen, um eine im einzelnen Falle bestehende *Gefahr für die öffentliche Sicherheit oder Ordnung* (Gefahr) abzuwehren.

An der **Verfassungsmäßigkeit** der Generalklausel bestehen nach der Rechtsprechung des Bundesverfassungsgerichts und der h.l. keine Bedenken.

Klausurhinweis: Das *Bundesverfassungsgericht* hat in der Entscheidung BVerfGE 54, 143 (144 f.) die Verfassungsmäßigkeit der Generalklausel bejaht, weil sie „in jahrzehntelanger Entwicklung durch Rechtsprechung und Lehre nach Inhalt, Zweck und Ausmaß hinreichend präzisiert, in ihrer Bedeutung geklärt und im juristischen Sprachgebrauch verfestigt" sei. Diesen Satz sollten Sie einmal gehört haben. In der Klausur schadet es nicht, wenn Sie dieses Wissen kurz (!) mitteilen.

II. Formelle Rechtmäßigkeit

Die Ordnungsverfügung ist laut Sachverhalt formell ordnungsgemäß erlassen worden.

III. Materielle Rechtmäßigkeit

Zu prüfen ist, ob die Einweisungsverfügung materiell rechtmäßig ist. Dazu müssten die Tatbestandsmerkmale der Befugnisnorm erfüllt sein (dazu 1.), der richtige Adressat in Anspruch genommen worden sein (dazu 2) und die Behörde das ihr eingeräumte Ermessen rechtsfehlerfrei ausgeübt haben (dazu 3).

1. Gefahr für die öffentliche Sicherheit oder Ordnung

Zunächst müsste eine Gefahr für die öffentliche Sicherheit oder Ordnung bestehen.

---

[9] §§ 3, 1 bwPolG; Art. 7 bayLStVG § 13 bbgOBG; § 17 berlASOG; § 10 bremPolG; § 3 hambSOG; § 11 hessSOG; § 13 mvSOG; § 11 ndsSOG; § 9 rpPOG; § 8 saarlPolG; § 3 sächsPolG; § 13 saSOG; § 174 shLVwG; § 5 thürOBG.

a) Fraglich ist, ob die hier drohende Obdachlosigkeit von A und ihren Kindern eine *Gefahr für die öffentliche Sicherheit* darstellt.

> **Klausurhinweis:** Prüfen Sie zuerst *das Schutzgut!* Erst anschließend ist dann zu erörtern, ob das betroffene Schutzgut auch *in Gefahr* gerät.

Der Begriff der *öffentlichen Sicherheit* umfasst neben der Unversehrtheit der Rechtsordnung und des Bestands, der Einrichtungen und Veranstaltungen des Staates oder sonstiger Träger hoheitlicher Gewalt auch die subjektiven Rechte und Rechtsgüter.

Unter diesen drei Teilschutzgütern könnten hier die subjektiven Rechte und Rechtsgüter betroffen sein. Zu den subjektiven Rechtsgütern zählen *Leben, Gesundheit, Freiheit und Eigentum,* zu den subjektiven Rechten *Ansprüche.*

Hier kommen vor allem die Rechtsgüter Leben und Gesundheit der A und ihrer minderjährigen Kinder in Betracht.[10] Angesichts des bevorstehenden Winters sind nämlich erhebliche Gesundheitsschäden z.B. durch Erfrierungen zu besorgen.

Da es sich hier zudem um eine unfreiwillige Obdachlosigkeit handelt, kann ein Verstoß gegen die öffentliche Sicherheit auch nicht unter Hinweis auf eine rechtlich zulässige, unter dem Schutz des Art. 2 Abs. 1 GG stehende Selbstgefährdung des Einzelnen verneint werden.

b) Der Schutz privater Rechte und Rechtsgüter könnte der Ordnungsbehörde jedoch nur dann obliegen, wenn gerichtlicher Schutz nicht rechtzeitig zu erlangen ist und wenn ohne polizeiliche Hilfe die Verwirklichung des Rechts vereitelt oder wesentlich erschwert werden würde.

Diese sog. *Subsidiaritäts- oder Privatrechtsklausel,* die zwar nur in § 1 Abs. 2 nwPolG explizit geregelt ist, gilt als *allgemeiner Grundsatz des POR,* aber auch im nordrhein-westfälischen Ordnungsbehördengesetz.[11]

---

[10] Dazu, dass auch weitere Rechtsgüter in Betracht kommen, *Gornig/Jahn,* Fälle zum POR, 3. Aufl. 2006, S. 197; *Ruder,* NVwZ 2001, 1223 (1225 f.): Gefahr für Grund- und Menschenrechte.

[11] *Pieroth/Schlink/Kniesel,* POR, 7. Aufl. 2012, § 5, Rn. 42.

Auf diesen Grundsatz kommt es indes nicht an, wenn vor Gericht gar kein Schutz gefunden werden kann. In Fällen unfreiwilliger Obdachlosigkeit wird dies bejaht.[12]

c) Es müsste des Weiteren eine *Gefahr für Leben und Gesundheit* bestanden haben. Eine Gefahr liegt vor, wenn eine Sachlage oder ein Verhalten bei ungehindertem Ablauf des zu erwartenden Geschehens mit hinreichender Wahrscheinlichkeit ein polizeilich geschütztes Rechtsgut schädigen wird. Ein Schaden liegt vor, wenn es zu einer objektiven Minderung des vorhandenen Bestandes an geschützten Gütern kommt.

A müsste mit ihren Kindern ohne Dach über dem Kopf überwintern. Den Witterungsverhältnissen zu trotzen, ohne Einbußen an ihren Rechtsgütern Leben und Gesundheit hinzunehmen, dürfte schon A kaum gelingen. Hier kommt noch hinzu, dass auch die drei kleinen Kinder der A von der Obdachlosigkeit betroffen sind und den damit einhergehenden Gefahren in erheblich höherem Maße ausgesetzt sind als Erwachsene.

Vor diesem Hintergrund und bei Zugrundelegung der sog. Jedesto-Formel, wonach die Anforderungen an die Wahrscheinlichkeit des Schadenseintritts umso geringer sind, je gewichtiger und hochwertiger das gefährdete Schutzgut ist, ist der Eintritt schwerwiegender Gesundheitsgefahren hier hinreichend wahrscheinlich.

Da die Zwangsräumung der Wohnung unmittelbar bevorsteht, ist auch das zeitliche Erfordernis des Gefahrbegriffs erfüllt. Danach reicht es schon aus, wenn es in überschaubarer Zukunft zu einem Schaden kommen kann.

d) Im Ergebnis liegt somit eine Gefahr für die öffentliche Sicherheit vor.

Frage: Kann eine Gefahr für die öffentliche Sicherheit (Teilschutzgut?) auch mit *drohenden Gewalttaten* gegen die im Freien schutzlose A samt Kindern begründet werden?[13]

---

[12] Vgl. etwa VGH Mannheim, NVwZ 1993, 1220 f.
[13] Unsere Antwort finden Sie am Ende der Lösung zu diesem Fall auf S. 22.

e) Weil das Schutzgut der öffentlichen Ordnung gegenüber der öffentlichen Sicherheit subsidiär ist[14], ist an dieser Stelle nicht weiter zu prüfen, ob daneben auch eine Gefahr für die öffentliche Ordnung besteht.

Klausurhinweis: Es ist sehr wichtig, die hier vorliegende *unfreiwillige* Obdachlosigkeit von der *freiwilligen* Obdachlosigkeit zu unterscheiden. Denn gefahrenabwehrrechtlich ist die Unterscheidung von großer Relevanz. Anders als die unfreiwillige Obdachlosigkeit stellt die freiwillige Obdachlosigkeit grundsätzlich keine Gefahr für die öffentliche Sicherheit dar. Bei der freiwilligen Obdachlosigkeit können die allgemeinen Gefahrenabwehrbehörden daher nur dann einschreiten, wenn sich der Obdachlose durch sein Verhalten in Lebensgefahr begibt.
Was die *öffentliche Ordnung* anbelangt, ist festzuhalten, dass Obdachlosigkeit unabhängig davon, ob sie unfreiwillig oder freiwillig ist, de lege lata keinen Verstoß mehr gegen dieses Schutzgut darstellt.[15]

2. Pflichtigkeit

Die erforderlichen Maßnahmen im Sinne des § 14 Abs. 1 nwOBG sind grundsätzlich gegen den Pflichtigen zu richten.

Klausurhinweis: Die Polizeipflichtigkeit kann im Gutachten an zwei Stellen geprüft werden:
1) Im Tatbestand der Befugnisnorm nach den Prüfungspunkten *Schutzgut und Gefahr*. In der Rechtsfolge wird dann erörtert, ob die Auswahl des Maßnahmeadressaten ohne Ermessensfehler erfolgte.
2) In der Rechtsfolge der Befugnisnorm beim Auswahlermessen in Bezug auf den Pflichtigen. Dort wird dann zunächst geprüft, ob der Adressat überhaupt pflichtig war, und unmittelbar im Anschluss daran, ob die Auswahl des Adressaten ermessensfehlerfrei war.[16]

---

[14] *Schoch*, POR, in: Schmidt-Aßmann/Schoch, Besonderes Verwaltungsrecht, 14. Aufl. 2008, 2. Kap., Rn. 65.
[15] Anders noch VGH Mannheim, NVwZ 1993, 1220 (1220): „Die Ortspolizeibehörde [ist] verpflichtet, die Obdachlosigkeit als Störung der öffentlichen Sicherheit oder Ordnung zu verhindern bzw. zu beseitigen."
[16] Vgl. *Hartmann*, JuS 2008, 593 (594).

Hier wurde V in Anspruch genommen. Fraglich ist, ob V Störer i.S.d POR ist.

a) V könnte hier **verhaltenspflichtig** gemäß § 17 Abs. 1 nwOBG[17] sein. Danach ist verhaltenspflichtig, wer eine Gefahr verursacht. V könnte die Gefahr durch die außerordentliche Kündigung des Mietvertrages verursacht haben. Damit hat er zweifellos eine Bedingung i.S.d. Äquivalenztheorie gesetzt. Allerdings hat V mit der Kündigung nur von einem ihm zustehenden Recht Gebrauch gemacht. Dieses Verhalten kann ihn nicht zum Störer i.S.d. POR machen, da sonst ein Wertungswiderspruch innerhalb der Rechtsordnung entstünde. Da V durch die Kündigung die polizei- und ordnungsrechtliche Gefahrengrenze also nicht unmittelbar überschritten hat, ist er nicht Verhaltensstörer gemäß § 17 Abs. 1 nwOBG.[18]

b) V könnte jedoch als **Nichtstörer** in Anspruch genommen werden. Dazu müssen die Voraussetzungen des § 19 Abs. 1 nwOBG[19] vorliegen.

aa) § 19 Abs. 1 Nr. 1 nwOBG verlangt eine *gegenwärtige erhebliche Gefahr.*[20] Eine *gegenwärtige Gefahr* ist eine Sachlage, bei der die Einwirkung des schädigenden Ereignisses bereits begonnen hat oder bei der diese Einwirkung unmittelbar oder in allernächster Zeit mit an Sicherheit grenzender Wahrscheinlichkeit bevorsteht. Eine *erhebliche Gefahr* ist eine Gefahr für ein bedeutsames Rechtsgut wie Bestand des Staates, Leben, Gesundheit, Freiheit, nicht unwesentliche Vermögenswerte sowie andere strafrechtlich geschützte Güter.

---

[17] § 6 bwPolG; Art. 9 bayLStVG; § 13 berlASOG; § 16 bbgOBG; § 5 bremPolG; § 8 hambSOG; § 6 hessSOG; § 69 mvSOG; § 6 ndsSOG; § 4 rpPOG; § 4 saarlPolG; § 4 sächsPolG; § 7 saSOG; § 218 shLVwG; § 10 thürOBG.

[18] Ausführlich zur Verhaltenspflichtigkeit Fall 3.

[19] § 9 bwPolG; Art. 9 bayLStVG; § 16 berlASOG; § 18 bbgOBG; § 7 bremPolG; § 10 hambSOG; § 9 hessSOG; § 71 mvSOG; § 8 ndsSOG; § 7 rpPOG; § 6 saarlPolG; § 7 sächsPolG; § 10 saSOG; § 220 shLVwG; § 13 thürOBG.

[20] Ob das Erfordernis der erheblichen Gefahr (über den Grundsatz der Verhältnismäßigkeit) auch in jenen Ländern gilt, in denen dies *de lege lata* nicht vorgeschrieben ist, ist umstritten. Sie können also ohne Weiteres beide Meinungen vertreten.

Hier droht die Zwangsräumung der Wohnung in den nächsten Tagen, sodass die Gefahr gegenwärtig ist. Zudem sind mit Leben und Gesundheit der A und ihrer Kinder auch bedeutsame Rechtsgüter gefährdet. Eine gegenwärtige erhebliche Gefahr liegt also vor.

bb) Weiterhin dürfen Maßnahmen gegen die nach den §§ 17 oder 18 Verantwortlichen, also gegen Verhaltens- und Zustandspflichtige, *nicht oder nicht rechtzeitig möglich sein* oder *keinen Erfolg versprechen,* § 19 Abs. 1 Nr. 2 nwOBG.

Störer ist A mit ihren Kindern. Maßnahmen gegen sie versprechen indes keinen Erfolg. Eine behördliche Aufforderung an A, sich eine neue Wohnung zu suchen, wird die Gefahrenlage kaum beseitigen können, da A erkennbar nicht in der Lage ist, Mietzahlungen zu leisten.

cc) Die Ordnungsbehörde müsste die Gefahr *nicht oder nicht rechtzeitig selbst oder durch Beauftragte abwehren* können, § 19 Abs. 1 Nr. 3 nwOBG.

Weil die Inanspruchnahme des Nichtstörers Ultima Ratio ist, muss die Behörde alles ihr Mögliche und Zumutbare zur Beseitigung der Gefahrensituation getan haben. Bei der Obdachlosenunterbringung muss die Behörde alle eigenen Unterbringungsmöglichkeiten ausgeschöpft haben. Vorrangig ist auch die Anmietung von Zimmern in Hotels und Pensionen oder von leerstehenden Wohnungen.

Klausurhinweis: Es wird sogar diskutiert, dass unter Umständen eine vorübergehende Beherbergung in Wohnwagen oder Wohncontainern vorrangig in Betracht zu ziehen sei. Daran wird deutlich, dass die rechtmäßige Inanspruchnahme des Nichtstörers die Überwindung sehr hoher Hürden voraussetzt. Denken Sie daran, wenn Sie die einzelnen Voraussetzungen prüfen, und seien Sie kreativ, wenn es darum geht, etwaige vorrangige Gefahrenabwehrmöglichkeiten der konkret handelnden Polizei- oder Ordnungsbehörde ins Feld zu führen.

Vorliegend hat die Ordnungsbehörde A und ihre Kinder in ihre bisherige Wohnung eingewiesen, ohne eine andere Möglichkeit der Unterbringung auch nur in Betracht gezogen zu haben. M.a.W. hat sie überhaupt keine Unterbringungsbemühungen geleistet. Somit liegen die Voraussetzungen der Inanspruchnahme des V als Nichtstörer nicht vor.

3. (Zwischen-)Ergebnis

Die Einweisungsverfügung ist daher materiell rechtswidrig.

IV. Ergebnis

Die an den V adressierte Ordnungsverfügung ist somit rechtswidrig.

B. Zusatzfrage

V könnte einen Anspruch auf Exmittierung von A und deren Kindern aus dem FBA gegen die Ordnungsbehörde haben. Nach anderer Auffassung kommt die ordnungsbehördliche Generalklausel als Anspruchsgrundlage in Betracht. Weil der FBA spezieller ist, ist die zuletzt genannte Ansicht abzulehnen.

Der FBA setzt voraus, dass durch *hoheitlichen Eingriff in ein subjektives Recht ein rechtswidriger Zustand geschaffen* wird, der noch *andauert* und dessen Beseitigung *tatsächlich möglich, rechtlich zulässig* und für die Ordnungsbehörde *zumutbar* ist.

I. Herleitung

Der FBA ist gesetzlich nicht geregelt. Er ist indes gewohnheitsrechtlich anerkannt. Nach wohl h.M. wird er aus der Abwehrfunktion der Freiheitsgrundrechte hergeleitet.

> **Klausurhinweis:** Da der FBA gesetzlich nicht normiert ist, ist in einer Klausur kurz auf seine Herleitung einzugehen. In der Literatur werden unzählige Ansätze vertreten, die Sie nicht alle kennen müssen. In der Klausur reicht es aus, wenn Sie den FBA aus dem jeweiligen Grundrecht ableiten und ggf. noch auf die Analogie zu den §§ 12, 862, 1004 BGB sowie die Gesetzmäßigkeit der Verwaltung eingehen, weil der akademische Streit um die Rechtsgrundlage des FBA letztlich keine Auswirkungen auf die einzelnen Anspruchsvoraussetzungen zeitigt.

II. Hoheitlicher Eingriff

Zunächst müsste hoheitliches Handeln in Rede stehen. Die Ordnungsbehörde hat mit der Einweisungsverfügung ohne Weiteres hoheitlich gehandelt.

III. Subjektives Recht

Der Eingriff müsste in ein subjektives Recht erfolgt sein. Dieses ist hier das Eigentum des V, das über Art. 14 Abs. 1 GG grundrechtlichen Schutz genießt.

IV. Schaffung und Andauern eines rechtswidrigen Zustands

Der hoheitliche Eingriff müsste zu einem *rechtswidrigen Zustand* geführt haben, der noch andauert. Zudem müsste der rechtswidrige Zustand durch ein rechtswidriges *Handeln* der Verwaltung verursacht worden sein. Ein behördliches *Unterlassen* reicht demgegenüber grds. nicht, weil in diesem Fall auch eine Wiederherstellung des ursprünglichen Zustands, worauf der FBA ja gerade abzielt, nicht denkbar ist.

Vor diesem Hintergrund könnte der FBA hier scheitern; denn die ursprüngliche Einweisungsverfügung der Ordnungsbehörde war laut Sachverhalt rechtmäßig. Das spätere Unterlassen der Ordnungsbehörde nach Fristablauf wäre danach unbeachtlich.

Wenn ein von der Verwaltung geschaffener Zustand ursprünglich rechtmäßig war und erst z.b. durch Fristablauf oder den Eintritt einer auflösenden Bedingung rechtswidrig wurde, kann jedoch an das vorangegangene (rechtmäßige) Tun angeknüpft werden.[21] M.a.W. liegt ein rechtswidriger Zustand vor, wenn das hoheitliche Handeln von vornherein rechtswidrig war oder wenn ein zunächst rechtmäßiges Handeln rechtswidrig wird.

Diese Voraussetzungen sind hier erfüllt. Da die Einweisung auf vier Monate befristet war, besteht für V nach Ablauf dieser Frist ein Zustand, den er nicht länger dulden muss. Anders als zuvor gehen von der – wirksamen und nicht nichtigen – Einweisungsverfügung der Ordnungsbehörde nun keine Wirkungen mehr aus. Es ist somit ein rechtswidriger Zustand geschaffen worden, der noch andauert.

---

[21] *Maurer*, Allgemeines Verwaltungsrecht, 18. Aufl. 2011, § 30, Rn. 9.

V. Tatsächliche Möglichkeit, rechtliche Zulässigkeit und Zumutbarkeit der Wiederherstellung

Der FBA führt nur zum Ziel, wenn die Wiederherstellung des früheren Zustands noch tatsächlich möglich, rechtlich zulässig und für die Verwaltung zumutbar ist.

1. Tatsächliche Möglichkeit

Die Wiederherstellung des früheren Zustands müsste tatsächlich möglich sein. Dafür, dass dies nicht möglich sein sollte, liegen keine Anhaltspunkte vor.

2. Rechtliche Zulässigkeit

Die Wiederherstellung des status quo ante müsste rechtlich zulässig sein. In Fällen der Obdachlosenunterbringung ist dies fraglich, da neben Anspruchssteller und Behörde auch der betroffene Dritte (also der Obdachlose) mit seinen Rechten zu beachten ist.

a) Da mit der Wiederherstellung des ursprünglichen Zustandes durch Räumung der Wohnung notwendigerweise ein belastender Eingriff in die Rechte der A und ihrer Kinder einhergeht, bedarf es neben dem FBA einer Befugnisnorm, die diesen Eingriff zu tragen imstande ist. Nach anderer Ansicht soll freilich schon der FBA selbst eine taugliche Rechtsgrundlage ggü. dem betroffenen Dritten sein. Diese Ansicht überzeugt indes nicht; denn der FBA regelt nur das Verhältnis zwischen Anspruchssteller und der Behörde.

b) Hier kommt wieder § 14 Abs. 1 nwOBG als Befugnisnorm in Betracht. Die Voraussetzungen dieser Rechtsgrundlage müssten vorliegen.

In materieller Hinsicht müsste eine *Gefahr für die öffentliche Sicherheit oder Ordnung* vorliegen. Da in der Weiternutzung der Wohnung durch A und ihre Kinder eine Verletzung des über Art. 14 Abs. 1 GG grundrechtlich geschützten Eigentums des V und daher eine Störung der öffentlichen Sicherheit liegt und A mit ihren Kindern Verhaltensstörer gemäß § 17 nwOBG ist, sind die tatbestandlichen Voraussetzungen des § 14 Abs. 1 nwOBG erfüllt.

Denn die öffentliche Sicherheit schützt auch die subjektiven Rechte und Rechtsgüter.[22]

Klausurhinweis: Die formellen Voraussetzungen einer erst zu erlassenden Ordnungsverfügung (Zuständigkeit, Verfahren, Form) müssen Sie nicht prüfen.

---

c) Problematisch ist jedoch, dass der Schutz privater Rechte nach der *Subsidiaritätsklausel* in erster Linie den ordentlichen Gerichten obliegt und V bereits einen Räumungstitel hat, aus dem er nun wieder die Zwangsräumung der Wohnung betreiben kann.

Da der rechtswidrige Zustand jedoch gerade durch hoheitliches Handeln geschaffen wurde, wäre es unbillig, den Eigentümer damit allein zu lassen und ihn auf die Möglichkeit zivilgerichtlichen Rechtsschutzes durch Vollstreckung seines Räumungstitels zu verweisen. Die mit der Zwangsräumung verbundenen Risiken und Kosten dürfen hier nicht auf V abgewälzt werden. Denn aus dem Rechtsgedanken des § 19 Abs. 2 nwOBG[23] folgt, dass die Ordnungsbehörde für die Beseitigung rechtswidriger Folgen ihres Verwaltungshandelns zu sorgen hat.[24]

Daher wird man die Subsidiaritätsklausel hier nicht anwenden können. Die tatbestandlichen Voraussetzungen des § 14 Abs. 1 nwOBG liegen somit vor.

Klausurhinweis: An dieser Stelle lässt sich gut vertreten, dass das Subsidiaritätsprinzip einem Einschreiten der Ordnungsbehörde entgegensteht, zumal diese Lösung dogmatisch überzeugender ist.

---

[22] § 123 StGB ist nach umstrittener, aber herrschender Meinung mangels eines Verstoßes gegen ein fremdes Hausrecht nicht erfüllt.

[23] § 19 Abs. 2 nwOBG lautet: „Die Maßnahmen nach Absatz 1 dürfen nur aufrechterhalten werden, solange die Abwehr der Gefahr nicht auf andere Weise möglich ist."

[24] Vgl. VGH Kassel, Beschluss vom 30.9.1993 – 11 TG 1515/93 – juris, Rn. 8.

d) Fraglich ist, ob die Ordnungsbehörde auch einschreiten *muss*. Denn nur in diesem Fall ist der Anspruch auch begründet. Auch wenn der Ordnungsbehörde grds. Ermessen hinsichtlich des „Ob" des Handelns eingeräumt ist, muss sie hier die sog. Folgenbeseitigungslast im Hinblick auf den Eingriff in Art. 14 Abs. 1 GG beachten. Diese Folgenbeseitigungslast führt grds. zu einer Ermessensreduzierung auf Null.

Dessen ungeachtet dürfte ein Einschreiten der Ordnungsbehörde nicht unverhältnismäßig sein. Besondere Gründe, die für ein weiteres Verbleiben der A in der Wohnung des V sprechen, sind indes nicht ersichtlich.

Im Ergebnis muss die Ordnungsbehörde daher die Räumung der Wohnung veranlassen.

3. Zumutbarkeit

Schließlich ist die Wiederherstellung des früheren Zustands der Ordnungsbehörde auch zumutbar.

VI. Ergebnis

V hat somit einen FBA gegen die Ordnungsbehörde, der auf den Erlass einer entsprechenden Räumungsverfügung gerichtet ist.

Frage: Kann eine Gefahr für die öffentliche Sicherheit (Teilschutzgut?) auch mit *drohenden Gewalttaten* gegen die im Freien schutzlose A samt Kindern begründet werden?

Antwort: Die hinreichende Wahrscheinlichkeit dürfte eher zu verneinen sein, weil der Sachverhalt keine Angaben zur Aufenthaltsgegend und der dortigen Kriminalitätsrate enthält. Grundlage der Schadensprognose sind indes *gesicherte tatsächliche Anhaltspunkte*. Mit entsprechender Begründung lässt sich indes auch eine Gefahr begründen.

Fall 2: *So ein Theater*

▸ **Standort:** Gefahrbegriffe; Anscheinsgefahr; Scheingefahr; Anwendung unmittelbaren Zwangs; Entschädigungsrecht

Mia Mimik (M) und Gustav Gestik (G) sind Schauspielschüler in der nordrhein-westfälischen Stadt S. Ihr nächstes großes Projekt an der Schauspielschule ist die Darstellung eines Kriminalstücks, bei dem M das Opfer und G den Täter spielen soll. Da gerade Sommer ist und die Temperaturen sich schon einige Zeit beständig über 30 °C bewegen, sind die beiden in letzter Zeit weniger zum Üben gekommen, was nicht ohne Einfluss auf ihre darstellerische Leistung blieb. Dies führte sogar schon so weit, dass die Dozenten, die die Aufführung des Stücks betreuen, Überlegungen anstellten, die Rollen von M und G anderweitig zu vergeben. Da beide jedoch weder auf die Rolle noch auf das schöne Wetter verzichten wollen, beschließen sie, ihre Szenen zukünftig einfach in einem der Schauspielschule nahe gelegenen Park zu proben.

Voller Tatendrang setzen sie diese Idee auch gleich in die Tat um und begeben sich in den Park. Da sie jene Szene des Stücks proben wollen, in der G die M mit einem Messer bedroht und versucht sie zu töten, haben sie auch eine Messerattrappe dabei, die täuschend echt aussieht und aus dem Fundus der Schauspielschule stammt.

Polizist P macht derweil seinen täglichen Streifgang durch den Park, um die örtliche Drogenszene im Auge zu behalten, die sich dort bisweilen aufzuhalten pflegt. Als er in die Nähe des „Probenorts" gelangt, sieht er freilich keine Mitglieder der Drogenszene, sondern G, der mit der Messerattrappe „bewaffnet" auf M zugeht und dabei mit bebender Stimme und deutlich vernehmbar „Jetzt ist es für dich endgültig vorbei!" sagt. Da P das sich ihm bietende Schauspiel für die Realität hält, rennt er – ohne auch nur eine Sekunde zu zögern – auf G zu und überwältigt ihn, bevor er auf M „einstechen" konnte. Durch dieses beherzte Eingreifen von P wurde die Jacke des G leicht beschädigt.

G ist empört über das Verhalten von P. Er fragt sich, ob erstens etwaige „Zahlungsansprüche" gegen P wegen seiner beschädigten Jacke bestehen und ob zweitens das Vorgehen von P rechtmäßig war.

Bearbeitervermerk:
1) Beantworten Sie die zwei Fragen des G.
2) Entschädigungs- und Schadensersatzansprüche außerhalb des allgemeinen POR sind nicht zu prüfen.
3) Die Klausur ist nach dem Landesrecht von Nordrhein-Westfalen zu lösen.

A. Rechtmäßigkeit des polizeilichen Handelns
I. Rechtsgrundlage
II. Formelle Rechtmäßigkeit
1. Zuständigkeit
2. Verfahren
3. (Zwischen-)Ergebnis
III. Materielle Rechtmäßigkeit
1. Rechtmäßigkeit einer fiktiven Grundverfügung
   a) Rechtsgrundlage
   b) Formelle Rechtmäßigkeit
   c) Materielle Rechtmäßigkeit
      aa) Gefahr für die öffentliche Sicherheit oder Ordnung
      bb) Pflichtigkeit
      cc) Ermessen
      dd) (Zwischen-)Ergebnis
   d) (Zwischen-)Ergebnis
2. Notwendigkeit gegenwärtiger Gefahrenabwehr
3. Fehlen von Vollstreckungshindernissen
4. Tatbestandliche Voraussetzungen des Zwangsmittels
5. Ermessen
6. (Zwischen-)Ergebnis
IV. Ergebnis

B. Entschädigungsansprüche des G
I. Anspruch aus § 67 nwPolG i.V.m. § 39 Abs. 1 lit. b) nwOBG
II. Anspruch aus § 67 nwPolG i.V.m. § 39 Abs. 1 lit. a) nwOBG (analog)

C. Ergebnis

Vorüberlegung: Dieser Fall hat einen Problemkreis zum Gegenstand, der immer wieder Gegenstand polizeirechtlicher Klausuren ist und den Sie daher unbedingt beherrschen müssen. Die Polizei muss bei der Entscheidung, ob eine Gefahr vorliegt oder nicht, eine Prognoseentscheidung im Zeitpunkt ihres Handelns („ex ante-Sicht") treffen.

Dies kann dazu führen, dass sich im Nachhinein („ex post-Sicht") herauskristallisiert, dass objektiv überhaupt keine Gefahrenlage bestand, d.h. ein Schaden für ein polizeiliches Schutzgut nicht zu besorgen war. Dass diese Konstellation auch hier gegeben ist, müssen Sie erkennen und anschließend bewerten, ob es sich um eine *Anscheinsgefahr* oder um eine *Putativ- bzw. Scheingefahr* handelt. Dabei darf schließlich auch der Gefahrbegriff des Gefahr(en)verdachts nicht aus dem Blickfeld geraten.

Die richtige Einordnung im Hinblick auf die genannten Gefahrenkategorien ist von hoher Bedeutung; denn ob etwa eine Anscheins- oder eine Putativgefahr vorliegt, hat Auswirkungen sowohl auf die Frage der Rechtmäßigkeit des polizeilichen Handelns (sog. *primäre Ebene* des POR) als auch auf das Kostenersatz- und Entschädigungsrecht (sog. *sekundäre Ebene* des POR).

G möchte zunächst wissen, ob er „Zahlungsansprüche" gegen P hat. Damit wirft er die Frage nach Entschädigungs- und Schadensersatzansprüchen auf. Die Beantwortung dieser Frage hängt indes davon ab, ob ein Nichtstörer rechtmäßig in Anspruch genommen wurde (vgl. § 67 nwPolG i.V.m. § 39 Abs. 1 lit. a) nwOBG) oder ob die zugrunde liegende polizeiliche Maßnahme rechtswidrig war (vgl. § 67 nwPolG i.V.m. § 39 Abs. 1 lit. b) nwOBG). Zu prüfen ist daher zunächst, ob das Handeln des P *rechtmäßig* war.

Klausurhinweis: In diesem Fall ist die Fallfrage also nicht in der Reihenfolge zu bearbeiten, die vom Klausurersteller bzw. G vorgegeben ist. Fragen, die auf der *sekundären* Ebene des POR anzusiedeln sind, also Fragen nach Kostenersatz und Entschädigung, hängen stets von der primären Ebene ab, also der unmittelbaren Gefahrenabwehr. Der Bearbeiter des Falles könnte zwar mit der Entschädigungsfrage beginnen und dann inzident die Vorfrage nach dem rechtmäßigen Verhalten auf der primären Ebene abhandeln; dann könnte er aber im Rahmen der zweiten Fallfrage nur noch nach oben verweisen. Da hier ausdrücklich zwei Fragen gestellt werden, sollte das Gutachten dies widerspiegeln.

A. Rechtmäßigkeit des polizeilichen Handelns

Das Handeln des P war rechtmäßig, wenn es auf eine taugliche Rechtsgrundlage gestützt werden kann (dazu I.), es formell (dazu II.) und materiell (dazu III.) rechtmäßig war.

26

I. Rechtsgrundlage

Da die Maßnahme des P in die Rechte des G eingegriffen hat, darf sie nur getroffen werden, wenn dies auf Grund des Polizeigesetzes oder anderer Rechtsvorschriften zulässig ist, § 1 Abs. 5 Satz 1 nwPolG. Mögliche Rechtsgrundlage für das Eingreifen des P könnten hier die §§ 50 Abs. 2, 51 Abs. 1 Nr. 3, 55, 57 ff. nwPolG[25] sein. Denn P könnte hier unmittelbaren Zwang im sofortigen Vollzug angewendet haben.

Ein sog. gestrecktes Zwangsverfahren nach § 50 Abs. 1 nwPolG kommt schon deshalb nicht in Betracht, weil es an einem sog. *Grundverwaltungsakt* fehlt, der einer Vollstreckung zugänglich ist. Laut Sachverhalt ist P nämlich sofort eingeschritten, d.h. er hat G nicht zuvor mittels einer Grundverfügung aufgefordert, von M abzulassen.

II. Formelle Rechtmäßigkeit

Die Maßnahme müsste formell rechtmäßig sein.

1. Zuständigkeit

P müsste zuständig sein. Die sachliche Zuständigkeit folgt hier wegen Gefahr im Verzug aus § 1 Abs. 1 Satz 3 nwPolG, die örtliche Zuständigkeit aus § 7 Abs. 1 Satz 1 nwPOG.

2. Verfahren

Ein Verstoß gegen Verfahrensvorschriften ist nicht ersichtlich.

a) Einer Anhörung gemäß § 28 Abs. 1 nwVwVfG bedurfte es hier nicht, weil der sofortige Vollzug kein Verwaltungsakt i.S.d. § 35 Satz 1 nwVwVfG, sondern ein Realakt ist.[26] Selbst wenn man den sofortigen Vollzug als Verwaltungsakt qualifizierte, wäre eine Anhörung gemäß § 28 Abs. 2 Nr. 1, 5 nwVwVfG entbehrlich.[27]

---

[25] Artt. 53 Abs. 2, 54 Abs. 1 Nr. 3, 58, 60 ff. bayPAG; §§ 44 Abs. 2, 45 Abs. 1 Nr. 3, 49 saarlPolG. In Baden-Württemberg, Hamburg und Sachsen existiert de lege lata keine entsprechende Vorschrift zum sofortigen Vollzug. – Aufgrund der unübersichtlichen Gesetzeslage im Vollstreckungsrecht wird von der Wiedergabe der Normenketten in den übrigen Ländern abgesehen, um Fehler zu vermeiden.
[26] Vgl. *Schenke*, POR, 7. Aufl. 2011, Rn. 566.
[27] Vgl. Kopp/*Ramsauer*, VwVfG, 13. Aufl. 2012, § 28, Rn. 72.

b) Von einer Androhung der Zwangsanwendung konnte hier gemäß den §§ 56 Abs. 1 Satz 3, 61 Abs. 1 Satz 2 nwPolG abgesehen werden.

Klausurhinweis: Die zuletzt genannte Verfahrensfrage kann auch unter III. 4. geprüft werden.

---

3. (Zwischen-)Ergebnis

Die Maßnahme war daher formell rechtmäßig.

III. Materielle Rechtmäßigkeit

Im Rahmen der materiellen Rechtmäßigkeit ist zu prüfen, ob die Voraussetzungen des § 50 Abs. 2 nwPolG vorliegen. Danach kann Verwaltungszwang „ohne vorausgehenden Verwaltungsakt angewendet werden, wenn das zur Abwehr einer gegenwärtigen Gefahr notwendig ist, insbesondere weil Maßnahmen gegen Personen nach den §§ 4 bis 6 nicht oder nicht rechtzeitig möglich sind oder keinen Erfolg versprechen, und die Polizei hierbei innerhalb ihrer Befugnisse handelt."

1. Rechtmäßigkeit einer fiktiven Grundverfügung

P müsste innerhalb seiner Befugnisse gehandelt haben. Davon kann dann gesprochen werden, wenn eine fiktive Grundverfügung rechtmäßig hätte erlassen werden können. Die fiktive Grundverfügung ist hier ein an G adressiertes Gebot des P, den Angriff auf M sofort zu beenden.

a) Rechtsgrundlage

Da keine speziellere Rechtsgrundlage ersichtlich ist, kann das fiktive Gebot des P lediglich auf die Generalklausel des § 8 Abs. 1 nwPolG[28] gestützt werden. Danach kann die Polizei die notwendigen Maßnahmen treffen, „um eine im einzelnen Falle bestehende, konkrete Gefahr für die öffentliche Sicherheit oder Ordnung (Gefahr) abzuwehren".

---

[28] §§ 3, 1 bwPolG; Art. 11 bayPAG; § 17 berlASOG; § 10 bbgPolG; § 10 bremPolG; § 3 hambSOG; § 11 hessSOG; § 13 mvSOG; § 11 ndsSOG; § 9 rpPOG; § 8 saarlPolG; § 3 sächsPolG; § 13 saSOG; § 174 shLVwG; § 12 thürPAG.

b) Formelle Rechtmäßigkeit

Die fiktive Grundverfügung müsste ihrerseits formell rechtmäßig sein. P wäre wegen Gefahr im Verzug gemäß § 1 Abs. 1 Satz 3 nwPolG sachlich zuständig. Die örtliche Zuständigkeit folgte aus § 7 Abs. 1 Satz 1 nwPOG. Verfahrens- und Formvorschriften können hier sinnvollerweise nicht geprüft werden, da es sich nur um einen fiktiven Grundverwaltungsakt handelt.

c) Materielle Rechtmäßigkeit

In materieller Hinsicht müssten zunächst die Tatbestandsmerkmale der Rechtsgrundlage vorliegen.

aa) Gefahr für die öffentliche Sicherheit oder Ordnung

Zunächst müsste eine *Gefahr für die öffentliche Sicherheit oder Ordnung* bestehen.

(1) Der Begriff der *öffentlichen Sicherheit* umfasst neben der Unversehrtheit der Rechtsordnung und des Bestands, der Einrichtungen und Veranstaltungen des Staates oder sonstiger Träger hoheitlicher Gewalt auch die subjektiven Rechte und Rechtsgüter.

Hier ist die objektive Rechtsordnung betroffen, da Straftaten gemäß den §§ 211 ff. StGB (Straftaten gegen das Leben und die körperliche Unversehrtheit) in Betracht kommen. Zudem sind subjektive Rechtsgüter, zu denen Leben, Gesundheit, Freiheit und Eigentum zählen, betroffen. Denn die Rechtsgüter Leben und Gesundheit der M könnten in Gefahr gewesen sein.

(2) Es müsste des Weiteren eine *Gefahr* für das Schutzgut der öffentlichen Sicherheit bestanden haben.

(a) Eine *Gefahr* liegt vor, wenn eine Sachlage oder ein Verhalten bei ungehindertem Ablauf des zu erwartenden Geschehens mit hinreichender Wahrscheinlichkeit ein polizeilich geschütztes Rechtsgut schädigen wird.

Fraglich ist, ob hier eine solche Situation vorlag. Aus der Sicht des P mag hier zwar eine solche Sachlage vorgelegen haben; denn er ging davon aus, dass G im Begriff war, M mit einem Messer anzugreifen. Objektiv bestand aber zu keiner Zeit eine Gefahr für ein polizeiliches Schutzgut. Denn G wollte M weder angreifen noch gar verletzen. Er wollte diese menschlichen Verhaltensweisen nur spielerisch nachahmen.

Ein Schaden, das ist eine objektive Minderung des vorhandenen Bestandes an geschützten Gütern, wäre folglich nicht eingetreten. Eine objektive Gefahr lag mithin nicht vor.

(b) Es könnte indes eine sog. *Anscheinsgefahr* oder eine *Putativgefahr* vorgelegen haben.

Unter einer *Anscheinsgefahr* ist eine Sachlage zu verstehen, die sich bei hinreichender Sachverhaltsaufklärung auf Grund einer Betrachtung zum Zeitpunkt des Eingreifens (ex ante) für einen fähigen, besonnenen und sachkundigen Amtswalter als konkrete Gefahr darstellt, sich bei Betrachtung im Nachhinein (ex post) aber als ungefährlich erweist.[29] Man spricht insoweit auch von einem subjektiven Gefahrbegriff.[30]

Bei einer *Putativgefahr* geht der Amtswalter ebenfalls vom Vorliegen einer realen Gefahr aus. Diese Annahme widerspricht jedoch der Sorgfalt, Klugheit und Besonnenheit eines typischen Beamten. M.a.W. ist die Einschätzung des Amtswalters nicht mehr vertretbar.[31] Der Amtswalter handelt pflichtwidrig.

Ein *Gefahrverdacht* kommt hier demgegenüber nicht in Betracht. Denn bei diesem Gefahrbegriff hält der Amtswalter das Vorliegen einer Gefahr nur für möglich, nicht aber für sicher. Dementsprechend sind die Abwehrmaßnahmen auf die *Aufklärung der Gefahrensituation* gerichtet. Dazu dienen die sog. *Gefahrerforschungseingriffe.*

P zweifelte hier indes gerade nicht am tatsächlichen Vorliegen einer Gefahr.

(c) Zu prüfen ist daher nur, ob eine Ancheins- oder eine Putativgefahr vorlag.

Für P stellte sich die Situation zum Zeitpunkt seines Eingreifens so dar, dass G mit einer täuschend echt aussehenden Messerattrappe auf M zuging und dabei „Jetzt ist es für dich endgültig vorbei!" rief.

---

[29] *Muckel/Ogorek*, JuS 2010, 57 (61).
[30] Zum Weiterlesen *Schoch*, POR, in: Schmidt-Aßmann/Schoch, Besonderes Verwaltungsrecht, 14. Aufl. 2008, 2. Kap., Rn. 91, Fn. 505, der die These von der „Subjektivierung" des Gefahrbegriffs ablehnt.
[31] *Pieroth/Schlink/Kniesel*, POR, 7. Aufl. 2012, § 4, Rn. 63.

Ein fähiger, besonnener und sachkundiger Polizist musste bei dieser Sachlage davon ausgehen, dass Leib und Leben der M in der Tat bedroht sind, zumal Anhaltspunkte dafür, dass es sich um zwei Schauspielschüler handelte, die gerade eine Szene probten, schlechterdings nicht vorlagen. Zeit für eine weitere Sachverhaltsaufklärung blieb P angesichts der Gefährdungslage nicht. Dass P pflichtwidrig handelte und einem Irrtum erlag, der schlichtweg nicht mehr vertretbar ist, kann ihm daher nicht vorgehalten werden. Somit lag eine Anscheins- und keine Putativgefahr vor.

(d) Die Anscheinsgefahr ist gefahrenabwehrrechtlich, also auf der primären Ebene des POR, ebenso zu behandeln wie eine objektive, d.h. reale Gefahr. Der Grund hiefür liegt in der Maßgeblichkeit der ex ante-Sicht. Typischerweise muss der Polizeibeamte im Rahmen der erforderlichen Beurteilung der Gefahrenlage eine Prognoseentscheidung treffen. Diese muss er auf jene Erkenntnisse stützen, die im Zeitpunkt der Entscheidung zur Verfügung stehen. Die Richtigkeit einer solchen Prognose unter Berufung auf ex post gewonnene Erkenntnisse in Frage zu stellen, wäre vor diesem Hintergrund widersprüchlich. Zudem führte eine solche Sichtweise im Ergebnis dazu, dass sich die Aufgabe der Gefahrenabwehr nicht mehr so wirksam erfüllen ließe, wie dies ihrer Bedeutung entspricht. Denn es ist überaus fraglich, ob die Polizei weiterhin tatkräftig einschritte, wenn die Rechtmäßigkeit ihres Handelns an das tatsächliche Drohen eines Schadenseintritts geknüpft wäre.[32]

(e) Eine Gefahr für die öffentliche Sicherheit lag mithin vor.

bb) Pflichtigkeit

G ist als Anscheinsstörer anzusehen und damit verhaltenspflichtig gemäß § 4 Abs. 1 nwPolG.[33]

cc) Ermessen

§ 8 Abs. 1 nwPOlG eröffnet der Polizei grundsätzlich Ermessen, das gemäß § 40 nwVwVfG auszuüben ist. Angesichts der Lage ist hier freilich von einer *Ermessensreduzierung auf Null* auszugehen.

---

[32] Siehe zum Ganzen *Schenke*, POR, 7. Aufl. 2011, Rn. 80.

[33] § 6 bwPolG; § 7 bayPAG; § 13 berlASOG; § 5 bbgPolG; § 5 bremPolG; § 8 hambSOG; § 6 hessSOG; § 69 mvSOG; § 6 ndsSOG; § 4 rpPOG; § 4 saarlPolG; § 4 sächsPolG; § 7 saSOG; § 218 shLVwG; § 7 thürPAG.

P musste also einschreiten, um die hochwertigen Rechtsgüter der M zu schützen.

dd) (Zwischen-)Ergebnis

Der fiktive Grundverwaltungsakt ist somit auch materiell rechtmäßig.

d) (Zwischen-)Ergebnis

P handelte mithin innerhalb seiner Befugnisse.

2. Notwendigkeit zur Abwehr einer gegenwärtigen Gefahr

Nach § 50 Abs. 2 nwPolG müsste der sofortige Vollzug durch P zur Abwehr einer gegenwärtigen Gefahr notwendig gewesen sein. Dies ist insbesondere dann der Fall, wenn Maßnahmen gegen Personen nach den §§ 4 bis 6 nwPolG nicht oder nicht rechtzeitig möglich sind oder keinen Erfolg versprechen, § 50 Abs. 2 nwPolG.

Eine *gegenwärtige* Gefahr liegt vor, wenn das schädigende Ereignis bereits begonnen hat oder unmittelbar mit an Sicherheit grenzender Wahrscheinlichkeit bevorsteht.

Notwendigkeit i.S.d. § 50 Abs. 2 nwPolG liegt vor, wenn der Zeitraum zwischen Feststellung der Gefahr und dem voraussichtlichen Schadenseintritt so gering ist, dass die Durchführung des gestreckten Zwangsverfahrens den Erfolg des Zwangsmittels unmöglich machen oder wesentlich beeinträchtigen würde.[34]

Da sich G mit einem „Messer" der M bedrohlich näherte und ihren nahen Tod verbal in Aussicht stellte, stand der Angriff unmittelbar bevor, sodass eine gegenwärtige Gefahr ohne Weiteres vorlag. Der vorherige Erlass einer Grundverfügung hätte eine wirksame Gefahrenabwehr im Übrigen wesentlich beeinträchtigt, wenn nicht sogar verhindert. Eine Maßnahme gegen G wäre hier zwar möglich gewesen; sie hätte aber ersichtlich keinen Erfolg versprochen. Denn keinen Erfolg verspricht der Erlass eines befehlenden Verwaltungsaktes dann, wenn zu erwarten ist, dass der Adressat sich seinen Verpflichtungen entzieht und damit das Ziel des polizeilichen Einschreitens endgültig vereitelt wird.[35]

---

[34] *Pieroth/Schlink/Kniesel*, POR, 7. Aufl. 2012, § 24, Rn. 40.
[35] *Rachor*, in: Lisken/Denninger, Handbuch des Polizeirechts, 4. Aufl. 2008, F, Rn. 880.

Hier war ein überraschender Polizeieinsatz angezeigt, um die Gefahr wirksam abzuwehren. Der sofortige Vollzug war somit zur Abwehr einer gegenwärtigen Gefahr notwendig.

3. Fehlen von Vollstreckungshindernissen

Vollstreckungshindernisse sind nicht ersichtlich.

4. Tatbestandliche Voraussetzungen des Zwangsmittels

Indem P den G überwältigt hat, könnte er unmittelbaren Zwang gemäß den §§ 51 Abs. 1 Nr. 3, 55, 57 ff. nwPolG ausgeübt haben. Unmittelbarer Zwang ist gemäß § 58 Abs. 1 nwPolG die Einwirkung auf Personen oder Sachen durch körperliche Gewalt, ihre Hilfsmittel und durch Waffen. Körperliche Gewalt ist gemäß § 58 Abs. 2 nwPolG jede unmittelbare körperliche Einwirkung auf Personen oder Sachen. Somit hat P hier durch seinen körperlich wirkenden Einsatz unmittelbaren Zwang in Gestalt körperlicher Gewalt angewendet.

Die Polizei kann gemäß § 55 Abs. 1 nwPolG unmittelbaren Zwang anwenden, wenn andere Zwangsmittel nicht in Betracht kommen oder keinen Erfolg versprechen oder unzweckmäßig sind.

Diese Voraussetzung ist hier erfüllt, da insbesondere eine Ersatzvornahme gemäß den §§ 51 Abs. 1 Nr. 1, 52 nwPolG nicht in Betracht kam. Die Anwendung eines Zwangsgeldes i.S.d. §§ 51 Abs. 1 Nr. 2, 53 nwPolG ist angesichts der Notwendigkeit gegenwärtiger Gefahrenabwehr ohnehin kaum denkbar.

5. Ermessen

Der sofortige Vollzug steht im Ermessen der Polizei; denn der Verwaltungszwang *kann* ohne vorausgehenden Verwaltungsakt angewendet werden, § 50 Abs. 2 nwPolG. Dafür, dass P sein Ermessen nicht entsprechend dem Zweck der Ermächtigung ausgeübt und/oder die gesetzlichen Grenzen des Ermessens nicht eingehalten hat, ist nichts ersichtlich, vgl. § 40 nwVwVfG.

6. (Zwischen-)Ergebnis

Das Handeln des P war folglich materiell rechtmäßig.

IV. Ergebnis

Das Handeln des P war rechtmäßig.

B. Entschädigungsansprüche des G

G könnte einen Anspruch auf Schadensersatz aus § 67 nwPolG i.V.m. § 39 Abs. 1 nwOBG haben. Entschädigungspflichtig wäre freilich nicht P, sondern der Träger der Polizei, also das Land Nordrhein-Westfalen, § 67 nwPolG i.V.m. § 42 Abs. 1 Satz 1 nwOBG.

Es kommen zwei Anspruchsgrundlagen aus dem allgemeinen POR in Betracht, die im Folgenden zu prüfen sind:

I. Anspruch aus § 67 nwPolG i.V.m. § 39 Abs. 1 lit. b) nwOBG

Ein Anspruch aus § 67 nwPolG i.V.m. § 39 Abs. 1 lit. b) nwOBG scheidet schon deshalb aus, weil diese Anspruchsgrundlage eine rechtswidrige Maßnahme voraussetzt. P hat indes rechtmäßig gehandelt.

II. Anspruch aus § 67 nwPolG[36] i.V.m. § 39 Abs. 1 lit. a) nwOBG (analog)

G könnte einen Anspruch aus § 67 nwPolG i.V.m. § 39 Abs. 1 lit. a) nwOBG haben. Danach ist ein Schaden, den jemand durch Maßnahmen der Polizei erleidet, zu ersetzen, wenn er infolge einer Inanspruchnahme nach § 19 nwOBG entstanden ist. M.a.W. muss der Geschädigte als Nichtstörer in Anspruch genommen worden sein. Diese Voraussetzungen liegen hier indes nicht vor.

Zu prüfen ist aber, ob nicht die vorliegende Konstellation mit der gesetzlich geregelten gleichzusetzen ist, mit der Folge der analogen Anwendung des § 39 Abs. 1 lit. a) nwOBG. Dafür spricht, dass das hier in Rede stehende Entschädigungs- ebenso wie das Kostenersatzrecht auf der *sekundären Ebene* des POR anzusiedeln ist. Auf der Sekundärebene gilt jedoch nicht die *ex ante-Sicht*, sondern die *ex post-Perspektive*. Dies könnte dafür sprechen, den Anscheinsstörer in gleicher Weise wie den Nichtstörer zu behandeln.

Hinsichtlich des Anscheinsstörers bestünde dann eine Regelungslücke, die durch eine analoge Anwendung des § 39 Abs. 1 lit. a) nwOBG zu schließen wäre.[37]

---

[36] § 55 bwPolG; Art. 70 bayPAG; § 59 berlASOG; § 70 bbgPolG; § 56 bremPolG; § 10 hambSOG; § 64 hessSOG; § 72 mvSOG; § 80 ndsSOG; § 68 rpPOG; § 68 saarlPolG; § 52 sächsPolG; § 69 saSOG; § 221 shLVwG; § 68 thürPAG.

Diese Analogie ist allerdings nur dann gerechtfertigt, wenn der Anscheinsstörer die Anscheinsgefahr nicht zurechenbar verursacht hat. Andernfalls kann nämlich nicht von einem Sonderopfer gesprochen werden, das indes dem Entschädigungsanspruch des Nichtstörers in § 39 Abs. 1 lit. a) nwOBG zugrunde liegt. Von einer solchen Verursachung ist dann auszugehen, wenn das betreffende Verhalten das Risiko in sich birgt, dass die Polizei irrtümlich vom Vorliegen einer Gefahr ausgeht (Irreführungsrisiko).[38]

Fraglich ist, ob G die den Anschein begründenden Umstände in diesem Sinne zu verantworten hat. Angesichts der Umstände wird man daran nicht zweifeln können; denn G hantierte mit einer täuschend echten Messerattrappe und bedrohte M auch verbal. Da er sich im öffentlichen Raum bewegte, musste er damit rechnen, dass Passanten oder auch ein Streifenpolizist wie P der Proben gewärtig werden und zu falschen Schlüssen kommen, zumal es der Anspruch eines Schauspielers bzw. Schauspielschülers ja gerade ist, eine solche Szene möglichst „echt" aussehen zu lassen.

Im Ergebnis hat G somit die Umstände der Anscheinsgefahr durch sein Agieren zurechenbar verursacht. Ein Anspruch aus § 67 nwPolG i.V.m. § 39 Abs. 1 lit. a) nwOBG analog besteht mithin nicht.

Klausurhinweis: Die Frage, ob jemand die Umstände einer Anscheinsgefahr zurechenbar verursacht hat, ist regelmäßig eine Wertungsfrage. Es kommt in diesem Zusammenhang daher weniger auf das richtige Ergebnis, sondern vielmehr darauf an, dass Sie Argumente für oder gegen eine Zurechenbarkeit entwickeln und ihr Ergebnis schließlich gut begründen.

C. Ergebnis

Die Fragen des G sind daher wie folgt zu beantworten: das Handeln des P war rechtmäßig und ihm, G, stehen keine Ersatzansprüche gegen die Polizei zu.

---

[37] Vgl. *Heckmann*, bayPSR in: Becker/Heckmann/Kempen/Manssen, Öffentliches Recht in Bayern, 5. Aufl. 2011, 3. Teil, Rn. 454 ff., in Bezug auf eine analoge Anwendung des Art. 70 Abs. 1 bayPAG.

[38] *Muckel/Ogorek*, JuS 2010, 57 (62).

Fall 3: *Heimbewohner auf Abwegen*[39]

▶ **Standort:** Pflichtigkeit; Verhaltenspflichtigkeit; Theorie der unmittelbaren Verursachung; Zweckveranlasser; Störerauswahl

Franz Alt (A) lebt seit geraumer Zeit in einem Alten- und Pflegeheim in der Kleinstadt K aufgrund eines Beschlusses des Amtsgerichts, das seine Unterbringung in einer geschlossenen Einrichtung eines Alten- und Pflegeheimes anordnete. A ist geistig behindert und kann sich nur schlecht orientieren. Ausweislich des Beschlusses des Amtsgerichts besteht die Gefahr, dass A sich erheblichen Schaden zufügt.

Um der Gefahr vorzubeugen, dass A das Heim verlässt und sich sodann ohne Aufsicht Schaden zufügt, trug er als Sicherungsmaßnahme ein Plastikarmband. Dieses Armband sollte einen Alarm auslösen, sobald A das Gelände des Heimes verlässt. Trotz dieser Sicherungsvorkehrung gelang es A in der Vergangenheit schon mehrfach, unbemerkt das Haus zu verlassen, da er das Plastikarmband leicht öffnen und von seinem Arm abstreifen konnte. Gleichwohl verzichtete die Heimleitung darauf, zusätzliche Sicherungsmaßnahmen zu ergreifen, um den A wirksam daran zu hindern, das Gelände des Heimes ohne Begleitung zu verlassen.

Am Abend des 25.9.2011 verließ A wieder einmal das Heim, ohne dass dies bemerkt wurde. Er begab sich zunächst in eine Kneipe. Weil er trotz der kalten Witterung keine Jacke trug und auch kein Geld besaß, setzte sich die Wirtin – kurz nachdem A die Wirtschaft verlassen hatte –, mit der Polizei in Verbindung und teilte dem Beamten mit, dass der „seltsame und verwirrte Mann" inzwischen in Richtung Bahnhof unterwegs sei. Der Mann habe ihr gegenüber geäußert, dass er sich mit dem Zug nach Hamburg begeben wolle, weil er unbedingt auf die Reeperbahn möchte.

Weil die Polizei vermutete, bei dem Mann könne es sich „wieder einmal" um A handeln, rief sie sofort bei der diensthabenden Pflegekraft an, die – das Fehlen des A erst in diesem Moment bemerkend – den Verdacht bestätigen konnte. Die Polizei konnte den A zwar nicht mehr am Bahnhof von K aufgreifen, ihn aber am Bahnhof der 50 km entfernt gelegenen Großstadt in Empfang nehmen.

---

[39] Fall nach VG Saarlouis, NVwZ-RR 2009, 998 ff.

Die Pflegekraft wurde von der Polizei aufgefordert, den A abzuholen und zurück in das Heim zu bringen. Weil die Pflegekraft das Heim jedoch nicht verlassen konnte, wurde A schließlich von der Polizei zurückgebracht. Der Betreuer B des A war telefonisch nicht zu erreichen.

Zwei Tage nach dem Vorfall installierte der Heimbetreiber ein neues Sicherungssystem im Heim. A trägt seitdem ein Stahlarmband, das weder geöffnet noch abgestreift werden kann. A kann nun nicht mehr unbemerkt aus dem Heim entweichen.

Mit Bescheid vom 13.10.2011 erlässt die Polizei einen an die Heimleitung gerichteten Gebührenbescheid, in dem sie für die Personenbeförderung von A Gebühren in Höhe von EUR 75 in Rechnung stellt.

Der Heimbetreiber ist darob entsetzt. Er hält seine Inanspruchnahme für eine krasse Fehlentscheidung der Polizei. Denn die Heimleitung könne für den Vorfall ja wohl nicht „haftbar gemacht werden". Ihr etwaiges Versäumnis in Bezug auf die Sicherungsvorkehrungen sei schließlich „viel zu weit weg" von der schließlich entstandenen Gefahrenlage. Es sei für die Heimleitung auch unzumutbar, wirksamere Sicherungsvorkehrungen als die verwendeten Plastikarmbänder zu treffen. Im Übrigen sei B vorrangig für die Personenbeförderung und deren Kosten verantwortlich. Als Betreuer müsse dieser eindeutig vorrangig herangezogen werden.

Bearbeitervermerk:
1) Prüfen Sie die Pflichtigkeit des Heimbetreibers und – ggf. hilfsgutachtlich – die Störerauswahl durch die Polizei.
2) Der Fall ist nach dem Landesrecht von Bayern zu lösen.

I. Pflichtigkeit der Heimleitung
1. Äquivalenztheorie
2. Adäquanztheorie bzw. Sozialadäquanzlehre
3. Theorie von der rechtswidrigen Verursachung bzw. Rechtswidrigkeitslehre
4. Theorie von der unmittelbaren Verursachung
5. Streitentscheid
6. (Zwischen-)Ergebnis
II. Rechtmäßigkeit der Störerauswahl
III. Ergebnis

Vorüberlegung: Der Fall behandelt dem Bearbeitervermerk zufolge lediglich Fragen der *Pflichtigkeit bzw. Verantwortlichkeit.* Alle anderen Fragen sind daher nicht Gegenstand dieses Falles! Ausführungen zur Rechtsgrundlage oder zur Höhe der Gebühren sind daher überflüssig.

Angesichts der für das POR grundlegenden Einteilung in die *Verhaltensverantwortlichkeit* auf der einen und die *Zustandsverantwortlichkeit* auf der anderen Seite liegt es auf der Hand, dass man sich in diesem Fall ausschließlich um die Verhaltensverantwortlichkeit wird kümmern müssen.

Im Rahmen der Verantwortlichkeit für das Verhalten von Personen wird es um folgende Fragen gehen: Ist die Heimleitung tatsächlich verhaltensverantwortlich und, wenn ja, warum? Da auch – notfalls hilfsgutachtlich – die Störerauswahl zu begutachten ist, wird zu prüfen sein, wer noch als verhaltenspflichtig qualifiziert werden könnte. Wenn es noch andere Verantwortliche geben sollte, wird sich unmittelbar die Frage anschließen, ob die Auswahl des Störers „Heimleitung" rechtlich zulässig, insbesondere ermessensfehlerfrei war.

I. Pflichtigkeit des Heimbetreibers

Fraglich ist zunächst, ob der Heimbetreiber polizeirechtlich verantwortlich ist für die entstandene Gefahr, dass sich der geistig behinderte und damit zu einer freien Willensentschließung ersichtlich nicht mehr fähige A selbst Schaden (Selbstgefährdung bzw. -tötung) zufügt. Die Verantwortlichkeit ist in den Artt. 7 ff. bayPAG geregelt.

Hier kommt allein eine Verhaltensverantwortlichkeit i.S.d. Art. 7 Abs. 1 bayPAG[40] in Betracht. Art. 7 Abs. 1 bayPAG erlaubt polizeiliche Maßnahmen gegen diejenige Person, die eine Gefahr verursacht.

Die Heimleitung könnte die Gefahr dadurch verursacht haben, dass sie unzureichende Sicherungsvorkehrungen getroffen hat, mittels derer ein Entweichen des A nicht wirksam verhindert werden konnte.

---

[40] § 6 bwPolG; § 13 berlASOG; § 5 bbgPolG; § 5 bremPolG; § 8 hambSOG; § 6 hessSOG; § 69 mvSOG; § 6 ndsSOG; § 4 nwPolG; § 4 rpPOG; § 4 saarlPolG; § 4 sächsPolG; § 7 saSOG; § 218 shLVwG; § 7 thürPAG.

Wer eine Gefahr i.S.d Art. 7 Abs. 1 bayPAG verursacht, ist insbesondere in der Literatur umstritten. Es werden verschiedene Meinungen vertreten, die auf ganz unterschiedliche Zurechnungskriterien abstellen:

1. Äquivalenztheorie

Nach der Äquivalenztheorie verursacht eine Gefahr i.S.d. POR, wer eine *Bedingung für den Gefahreintritt* gesetzt hat. Dabei genügt jede Bedingung, die *nicht hinweggedacht werden kann,* ohne dass der Erfolg, das ist hier die Gefahr, entfiele. Selbst der entfernteste Kausalfaktor reicht danach aus, um die Verhaltensverantwortlichkeit zu begründen.

Danach könnte die Heimleitung hier verhaltenspflichtig sein. Denn wenn sie nicht unzureichende, sondern wirksame Sicherungsvorkehrungen getroffen hätte, hätte A das Heim nicht verlassen können, sodass die Gefahr nicht entstanden wäre.

2. Adäquanztheorie bzw. Sozialadäquanzlehre

Nach der Adäquanztheorie oder auch Sozialadäquanzlehre sollen im Rahmen der Verhaltensverantwortlichkeit nur solche Folgen relevant sein, die *nach der Lebenserfahrung zu erwarten* sind. Ganz untypische Geschehensabläufe sollen demgegenüber nicht zurechenbar sein. Das Zurechnungskriterium ist nach dieser Theorie also sozialadäquates Verhalten.

Bei Zugrundelegung dieser Theorie dürfte die Heimleitung hier verhaltenspflichtig sein; denn es liegt nicht außerhalb jeder Lebenserfahrung, dass ein geistig behinderter Heimbewohner ein Plastikarmband abstreift, zumal wenn dies wie hier ohne Weiteres möglich ist.

3. Theorie von der rechtswidrigen Verursachung bzw. Rechtswidrigkeitslehre

Der Theorie von der rechtswidrigen Verursachung bzw. Rechtswidrigkeitslehre zufolge soll die Verhaltensverantwortlichkeit an die Rechtswidrigkeit des Verhaltens, das zur Entstehung der Gefahr geführt hat, gekoppelt sein. Danach darf also einer Person nur diejenige Störung zugerechnet werden, die auf sein rechts- und pflichtwidriges Verhalten zurückzuführen ist.

Da hier keine Normen ersichtlich sind, die das Verhalten der Heimleitung in Bezug auf die zu ergreifenden Sicherungsvorkehrungen für geistig behinderte Heimbewohner wie A steuern könnten, kann kein eindeutiges Ergebnis hinsichtlich der Störereigenschaft der Heimleitung erzielt werden.

4. Theorie von der unmittelbaren Verursachung

Die Theorie von der unmittelbaren Verursachung ist die ganz h.L. Zu prüfen ist, ob die Heimleitung nach dieser Theorie verhaltenspflichtig ist:

a) Nach der Theorie von der unmittelbaren Verursachung verursacht nur diejenige Person verantwortlich eine Gefahr, die mit ihrem Verhalten die Schwelle zur konkreten Gefahr unmittelbar überschreitet. Wer die Gefahr nur mittelbar verursacht, ist lediglich Veranlasser und damit nicht verhaltenspflichtig.

Regelmäßig ist danach zwar derjenige verhaltenspflichtig, der die zeitlich letzte Ursache bei zeitlich gestaffelten Mitverursachungsbeiträgen setzt. Entscheidend ist aber stets eine wertende Betrachtung. Unmittelbarer Verursacher ist, wer die eigentliche und wesentliche Ursache für den polizei- und ordnungswidrigen Erfolg setzt. M.a.W. muss ein so enger Wirkungs- und Verantwortungszusammenhang zwischen der Gefahr und dem Verhalten der Person bestehen, der eine Pflichtigkeit gerechtfertigt erscheinen lässt.[41] Wenn dies der Fall ist, spielt es keine Rolle, ob die Ursache in der Ursachenkette früher oder später liegt.

Fraglich ist, ob die Heimleitung vor diesem Hintergrund als unmittelbarer Verursacher zu qualifizieren ist.

Käme es nur auf die zeitlich letzte Ursache an, wäre die Heimleitung sicher nicht als verhaltenspflichtig zu qualifizieren; denn die zeitlich letzte Ursache ist auf A selbst zurückzuführen. Indem A das Armband abstreifte und das Heimgelände verließ, hat er ohne Weiteres die zeitlich letzte Ursache für die daraus resultierende Gefahr für sein Leben und seine körperliche Unversehrtheit gesetzt.

---

[41] *Schoch*, POR, in: Schmidt-Aßmann/Schoch, Besonderes Verwaltungsrecht, 14. Aufl. 2008, 2. Kap., Rn. 128.

b) Die Heimleitung könnte jedoch als sog. *Zweckveranlasser* gleichwohl unmittelbarer Verursacher sein. Das polizei- und ordnungsrechtliche Institut der Zweckveranlassung steht nämlich nicht außerhalb der Theorie der unmittelbaren Verursachung. Es stellt vielmehr eine unter wertenden Gesichtspunkten erfolgte Ergänzung in ihren Grenzen dar. Denn die Unmittelbarkeit wird ja gerade nicht i.S.e. zeitlichen Letztverursachung, sondern eben normativ verstanden.

Nach einer anderen Ansicht soll die Figur des Zweckveranlassers abzulehnen sein. Er sei gerade kein unmittelbarer Verursacher, sondern eben nur ein bloßer Veranlasser, der gefahrenabwehrrechtlich nicht verantwortlich gemacht werden könne.[42]

Diese Ansicht überzeugt jedoch nicht. Denn wenn in concreto eine natürliche Einheit zwischen zwei Verhaltensweisen besteht, steht eine Zurechnung nicht nur im Einklang mit der normativen Theorie von der unmittelbaren Verursachung. Sie ist auch sachgerecht; denn in diesem Fall ist auch der „Hintermann" als ausschlaggebende Ursache für die Gefahr anzusehen. Die Figur des Zweckveranlassers ist daher anzuerkennen.

Ein formal betrachtet bloß mittelbarer Verursacher wird dann zum Zweckveranlasser und damit zum unmittelbaren Verursacher i.S.d. Theorie der unmittelbaren Verursachung, wenn ihm das Verhalten des „Vordermannes" zugerechnet werden kann. M.a.W. muss das Verhalten von „Hintermann" und „Vordermann" eine natürliche Einheit bilden. Entscheidend ist das Vorliegen eines engen Wirkungs- und Verantwortungszusammenhangs zwischen den beiden Verhaltensweisen.

Darüber, wann dieser Wertungszusammenhang besteht, herrscht Streit. Es werden drei Theorien vertreten, die unterschiedliche Zurechnungskriterien in den Vordergrund rücken:[43]

Die **subjektive Theorie** stellt darauf ab, ob die Entstehung der Gefahr subjektiv bezweckt oder zumindest billigend in Kauf genommen wurde. Entscheidend ist somit die Intention des Hintermannes.

---

[42] *Pieroth/Schlink/Kniesel*, POR, 7. Aufl. 2012, § 9, Rn. 29.

[43] Vgl. *Schenke*, POR, 7. Aufl. 2011, Rn. 244 f.; *Wehr*, Examens-Repetitorium Polizeirecht, 2. Aufl. 2012, Rn. 142; *Schoch*, Jura 2009, 360 (363).

Nach der **objektiven Theorie** kommt es darauf an, ob aus Sicht eines unbeteiligten Dritten die eingetretene Folge typischerweise durch die Veranlassung herbeigeführt wird.

Beide Theorien werden auch miteinander kombiniert: Nach der **Kombinationstheorie** genügt es für die Zurechnung, dass die Gefahr vom „Hintermann" subjektiv bezweckt werde oder wenn diese sich als Folge eines Verhaltens zwangsläufig einstelle.

Indem die Heimleitung ersichtlich unzureichende Sicherungsvorkehrungen ergriffen hat, könnte ihr das Verhalten des A zugerechnet werden.

Das Unterlassen zusätzlicher Sicherungsmaßnahmen durch den Heimbetreiber und das Entweichen des A stehen in einem untrennbaren Zusammenhang und bilden eine gleichsam natürliche Einheit. In diesem Zusammenhang ist auch und insbesondere von Bedeutung, dass A bereits zuvor das Heim mehrfach unbemerkt verlassen konnte. Für den Heimbetreiber musste somit klar sein, dass die vorhandene Sicherungsmaßnahme in Gestalt des Plastikarmbands jedenfalls im Hinblick auf A unzureichend war. Bei dieser Sachlage war ein erneutes eigenmächtiges Entfernen des A vom Heimgelände objektiv vorhersehbar und allenfalls eine Frage der Zeit.

Im Ergebnis war die am 25.9.2011 eingetretene Gefahrenlage daher die zwangsläufige Folge der Nichtergreifung zusätzlicher Schutzmaßnahmen durch die Heimleitung.[44] Aus Sicht eines unbeteiligten Dritten wurde die Gefahrenlage typischerweise durch den Verursachungsbeitrag des Heimbetreibers herbeigeführt, also die Vornahme unzureichender und das Unterlassen zusätzlicher Sicherungsmaßnahmen.

Dafür, dass die Vornahme weiterer Sicherungsmaßnahmen für das Heim unzumutbar war, liegen keine Anhaltspunkte vor. Im Gegenteil zeigt das kurz nach diesem Vorfall eingeführte neue Sicherungssystem, dass es für den Heimbetreiber ohne unzumutbaren Aufwand möglich gewesen wäre, ein Verlassen des Heims durch A auch schon früher zu verhindern. Auf Grund des unmittelbaren zeitlichen Zusammenhangs zwischen dem Vorfall am 25.9.2011 und der Anschaffung des neuen Sicherungssystems ist

---

[44] So auch das VG Saarlouis, NVwZ-RR 2009, 998 (999).

davon auszugehen, dass diese Möglichkeit auch schon am 25.9.2011 bestand.

Nach alledem wird man sogar davon sprechen können, dass der Heimbetreiber es billigend in Kauf genommen hat, dass A das Heim erneut eigenmächtig verlässt und damit eine Gefahr i.S.d. POR heraufbeschwört. Damit ist hier nach allen vertretenen Theorien von einer Zweckveranlassung auszugehen. Einer Streitentscheidung bezüglich der Frage, wann ein polizeirechtlich relevanter Wertungszusammenhang zwischen dem Verhalten des „Vordermannes" und des „Hintermannes" vorliegt, bedarf es in diesem Fall daher nicht.

Klausurhinweis: Sollte in einer Klausur eine Streitentscheidung erforderlich sein, sollten Sie der objektiven Theorie folgen (und damit gleichzeitig auch der Kombinationstheorie, die jedenfalls auch objektive Kriterien ausreichen lässt). Gegen die subjektive Theorie spricht, dass die Intention des Hintermannes, eine Gefahr verursachen zu wollen oder dies zumindest billigend in Kauf zu nehmen, regelmäßig nur schwer festgestellt oder nachgewiesen werden kann. Des Weiteren müssen subjektive Elemente bei der Feststellung der Störereigenschaft im Hinblick auf den Grundsatz der Effektivität der Gefahrenabwehr außer Betracht bleiben.

Der Heimbetreiber könnte nach der Theorie von der unmittelbaren Verursachung somit als Verhaltensverantwortlicher in Gestalt des Zweckveranlassers gemäß § 7 Abs. 1 bayPAG von der Polizei in Anspruch genommen werden.

5. Streitentscheid

Da die genannten Theorien nicht allesamt zum gleichen Ergebnis führen, bedarf es eines Streitentscheides. Die *Äquivalenztheorie* ist abzulehnen, da sie zu weit ist. Sie behandelt alle äquivalent kausalen Bedingungen als gleichwertig, sodass selbst ganz entfernte Ursachen sollen ausreichen können. Dies führt indes nicht zu sachgerechten Ergebnissen, da der Kreis der Verantwortlichen zu groß wird. Weil im POR – anders als im Strafrecht – das Korrektiv der Schuld fehlt, vermag diese Theorie zwar eine wichtige Aussage zu treffen, indem sie die Bedeutung der Ursächlichkeit des Verhaltens i.S.d. conditio sine qua non-Formel hervorhebt; bei dieser Aussage darf es aber nicht sein Bewenden haben.

Da es im POR oft auch um ganz ungewöhnliche Geschehensabläufe geht, kann auch die *Adäquanztheorie* nicht überzeugen. Hinzu kommt noch, dass das Zurechnungskriterium der Sozialadäquanz nicht hinreichend bestimmt genug ist. Denn darüber, was im Einzelfall sozialadäquat ist, wird man oftmals trefflich streiten können.

Die Theorie von der *rechtswidrigen Verursachung* weist zwar auf einen wichtigen Aspekt hin, wenn postuliert wird, dass nicht Störer i.S.d. POR sein kann, wer sich rechtmäßig verhält. Sie weist aber auch eine Schwäche auf, die im vorliegenden Fall offen zu Tage tritt: Die polizeirechtliche Verantwortlichkeit muss auch dann sicher bestimmt werden können, wenn gesetzliche Vorschriften i.s.v. verhaltenssteuernden Normen als Maßstab für das in Rede stehende Verhalten nicht vorliegen. In diesen Fällen stößt die Theorie von der rechtswidrigen Verursachung an Grenzen, die von der Theorie der *unmittelbaren Verursachung* überwunden werden können. Dieser Theorie ist daher zu folgen, zumal sie Aspekte wie die conditio sine qua non-Formel und Elemente der Pflichtwidrigkeit ebenfalls berücksichtigt. Denn im Rahmen der wertenden Betrachtung, ob eine unmittelbare Verursachung vorliegt, werden zumeist Rechtswidrigkeits-, Pflichtwidrigkeits- und Adäquanzgesichtspunkte berücksichtigt.[45]

6. (Zwischen-)Ergebnis

Die Heimleitung konnte somit als Verhaltensverantwortliche in Gestalt des Zweckveranlassers nach Art. 7 Abs. 1 bayPAG von der Polizei in Anspruch genommen werden.

II. Rechtmäßigkeit der Störerauswahl

Zu prüfen ist schließlich noch die Rechtmäßigkeit der Störerauswahl. Hier könnte der Polizei ein Ermessensfehler unterlaufen sein. Denn die Behörde hat ein sog. *Auswahlermessen* in Bezug auf den Pflichtigen. Dieses Ermessen hat sie in den Grenzen des Art. 40 bayVwVfG auszuüben. Danach hat eine Behörde, die ermächtigt ist, nach ihrem Ermessen zu handeln, ihr Ermessen entsprechend dem Zweck der Ermächtigung auszuüben und die gesetzlichen Grenzen des Ermessens einzuhalten.

---

[45] *Pieroth/Schlink/Kniesel*, POR, 7. Aufl. 2012, § 9, Rn. 19.

44

Im Ergebnis liegt hier jedoch kein Ermessensfehler vor. Die Polizei konnte zwar auch B heranziehen, Art. 7 Abs. 2 Satz 1 bayPAG[46]. Nach dieser Norm können polizeiliche Maßnahmen nämlich auch gegen die Person gerichtet werden, die zur Aufsicht einer Person verpflichtet ist, für die wegen einer psychischen Krankheit oder einer geistigen oder seelischen Behinderung ein Betreuer bestellt ist.

Die Polizei hat ihr Auswahlermessen aber sachgerecht und unter Beachtung des Verhältnismäßigkeitsgrundsatzes ausgeübt. Das Ermessen ist nämlich am Effektivitätsgrundsatz auszurichten. Die Polizei muss unter mehreren Pflichtigen, die jeweils ohne Verstoß gegen den Grundsatz der Verhältnismäßigkeit herangezogen werden können also denjenigen heranziehen, der die Gefahrbeseitigung *am wirksamsten bewerkstelligen kann.* Wenn wie hier die Gefahr bereits beseitigt ist, muss die Polizei jenen in Anspruch nehmen, der *am schnellsten, verlässlichsten und einfachsten* die Geldforderung begleichen kann.[47]

Zunächst ist hier nichts dafür ersichtlich, dass eine Inanspruchnahme der Heimleitung oder des B gegen den Grundsatz der Verhältnismäßigkeit verstieße.

Angesichts der geringen Höhe von EUR 75 wird man sodann davon ausgehen können, dass die Heranziehung der beiden Pflichtigen gleich effektiv wäre.

In diesem Fall kommt der Aspekt der Zumutbarkeit bzw. das Gebot der gerechten Lastenverteilung zum Tragen. Danach ist jener Pflichtige auszuwählen, dem die Heranziehung am ehesten zuzumuten ist. Angesichts der unzureichenden Sicherungsvorkehrungen, die die Heimleitung ergriffen hat, spricht in der Tat vieles dafür, sie auszuwählen. Die Störerauswahl war folglich ermessensfehlerfrei, Art. 40 bayVwVfG.

III. Ergebnis

Somit war die Inanspruchnahme der Heimleitung rechtmäßig.

---

[46] § 6 bwPolG; § 13 berlASOG; § 5 bbgPolG; § 5 bremPolG; § 8 hambSOG; § 6 hessSOG; § 69 mvSOG; § 6 ndsSOG; § 4 nwPolG; § 4 saarlPolG; § 4 sächsPolG; § 7 saSOG; § 218 shLVwG; § 7 thürPAG.

[47] *Pieroth/Schlink/Kniesel,* POR, 7. Aufl. 2012, § 9, Rn. 88.

Fall 4: *Ärger mit Altlasten*[48]

▶ **Standort:** Pflichtigkeit; Zustandspflichtigkeit; Grenzen der Zustandspflichtigkeit

---

Die Vuvuzela OHG (V-OHG) erwarb im Jahr 2009 eine ihrem Grundstück benachbarte Fläche, um für die anstehende Fußball-Weltmeisterschaft 2010 afrikanische Druckluftfanfaren zu produzieren. Auf dem Grundstück wurden bis zum Jahr 2008 Hutstoffe aus Kaninchenfellen von der Hasen-KG hergestellt. Zur Entfettung der Felle verwendete die Hasen-KG chlorierte Kohlenwasserstoffe. Das Unternehmen wurde schließlich insolvent.

Die Geschäfte der V-OHG florierten zunächst; denn ihre Vuvuzelas fanden reißenden Absatz. Ab August 2010 wurden dann jedoch schwere Verunreinigungen von Boden und Grundwasser mit den genannten Kohlenwasserstoffen festgestellt, die auf die Verwendung der Stoffe bei der Hutstoffproduktion zurückzuführen waren.

Die zuständige Ordnungsbehörde gab der V-OHG daraufhin sofort umfangreiche Maßnahmen zur Überprüfung des Bodens und des Grundwassers sowie verschiedene Maßnahmen zur Beseitigung der Verunreinigungen auf, um die tatsächlich bestehenden (Gesundheits-)Gefahren für den Einzelnen und die Allgemeinheit abzuwehren. Die Sanierung wird insgesamt ca. EUR 1.000.000 kosten.

Die V-OHG hält die Inanspruchnahme für unverhältnismäßig und damit rechtswidrig. Es sei ihr doch wohl kaum zumutbar, die Sanierungskosten zu tragen, zumal sie nichts von den Umweltsünden der Vergangenheit gewusst habe. Überhaupt sei eine „Haftung nur aufgrund des Besitzes" nicht legitim.

Ist die Inanspruchnahme der V-OHG rechtmäßig?

Bearbeitervermerk:
1) Die V-OHG hat vor den Risikoumständen beim Erwerb des Grundstücks grob fahrlässig die Augen verschlossen.

---

[48] Der Fall ist einer Entscheidung des Bundesverfassungsgerichts vom 16.2.2000 nachgebildet (BVerfGE 102, 1 ff.).

2) Der Fall ist nach dem allgemeinen POR zu lösen. Insbesondere das Gesetz zum Schutz vor schädlichen Bodenveränderungen und zur Sanierung von Altlasten (BBodSchG) ist nicht anzuwenden.[49]

3) Der Verkehrswert des Grundstücks belief sich zum Zeitpunkt des Schadensfalles auf EUR 450.000.

4) Der Fall ist nach dem Landesrecht von Nordrhein-Westfalen zu lösen.

I. V-OHG als taugliches Rechtssubjekt
II. Legitimität der Zustandsverantwortlichkeit
III. Entstehung der Zustandsverantwortlichkeit
1. Eigentum und Besitz der V-OHG
2. Von der Sache ausgehende Gefahr
3. Fehlende Kenntnis der V-OHG von der Gefahr
IV. Grenzen der Zustandsverantwortlichkeit
1. Begrenzbarkeit der Zustandsverantwortlichkeit
2. Maßgeblichkeit des Verkehrswerts des Grundstücks
   nach der Sanierung für die Zumutbarkeit
3. Fallgruppen fehlender Zumutbarkeit
4. Zumutbarkeit bei Kenntnis oder fahrlässiger
   Unkenntnis von Altlasten
5. Funktioneller Zusammenhang zwischen sanierungsbedürftigem
   Grundstück und eingesetztem Vermögen
V. Ergebnis

Vorüberlegung: Zunächst ist Klarheit über die Aufgabenstellung herzustellen. Es geht in diesem kleinen Fall lediglich um die Zustandsverantwortlichkeit, insbesondere um ihre Grenzen. Das Bundesverfassungsgericht hat sich in der dem Fall zugrunde liegenden Entscheidung aus dem Jahr 2000 mit den Grenzen der Zustandsverantwortlichkeit beschäftigt.
Die damals aufgestellten Leitlinien sind noch immer zu beachten, zumal die oft geforderte gesetzliche Regelung dieses Problemkreises weiterhin fehlt. Der Bearbeitervermerk darf hier nicht übersehen werden: Die Frage nach den Grenzen der Zustandsverantwortlichkeit ist nach allgemeinem POR und damit insbesondere nicht nach dem spezielleren Bundes-Bodenschutzgesetz mit seinem § 4 Abs. 3 Satz 1 zu beantworten.

---

[49] Was aus der Entscheidung des Bundesverfassungsgerichts (vgl. Fn. 48) im Hinblick auf die Zustandsverantwortlichkeit nach § 4 BBodSchG folgt, ist unklar. Vgl. dazu *Schoch*, POR, in: Schmidt-Aßmann/Schoch, Besonderes Verwaltungsrecht, 14. Aufl. 2008, 2. Kap., Rn. 149, Fn. 755, mit zahlreichen weiterführenden Fundstellen.

Die Inanspruchnahme der V-OHG ist rechtmäßig, wenn die V-OHG insbesondere verhaltens- oder zustandspflichtig ist und die Heranziehung in concreto keinen Rechtsfehler erkennen lässt, insbesondere verhältnismäßig und auch im Übrigen ermessensfehlerfrei ist.

Dafür, dass die V-OHG *verhaltensverantwortlich* ist, ist nichts ersichtlich. Sie könnte jedoch nach § 18 nwOBG[50] *zustandspflichtig* sein.

I. V-OHG als taugliches Rechtssubjekt

Dazu müsste die V-OHG überhaupt ein taugliches Rechtssubjekt der Polizei- und Ordnungspflicht sein. Daran könnten hier deshalb Zweifel bestehen, weil die V-OHG keine natürliche Person ist.

Es ist allerdings anerkannt, dass juristische Personen und auch teilrechtsfähige Personenvereinigungen wie die OHG, die KG oder die GbR Rechtssubjekte der Polizei- und Ordnungspflicht sein können.[51] Daher scheitert die Inanspruchnahme der V-OHG nicht schon daran, dass es sich bei ihr um eine Personenvereinigung handelt.

II. Legitimität der Zustandsverantwortlichkeit

Fraglich ist weiterhin, ob es legitim ist, die V-OHG als Zustandsverantwortliche heranzuziehen. Dies führt zur Frage der Legitimität der Zustandsverantwortlichkeit, die von der V-OHG ausdrücklich aufgeworfen wird.

Die Zustandsverantwortlichkeit findet ihren legitimierenden Grund in der Einwirkungsmöglichkeit auf die gefahrverursachende Sache, die durch die Sachherrschaft vermittelt wird.[52] Wer die Sachherrschaft über eine Sache innehat, kann und muss dafür sorgen, dass andere nicht durch den gefährlichen Zustand der Sache gestört oder gefährdet werden.[53]

---

[50] § 7 bwPolG; Art. 9 bayLStVG; § 14 berlASOG; § 17 bbgOBG; § 6 bremPolG; § 9 hambSOG; § 7 hessSOG; § 70 mvSOG; § 7 ndsSOG; § 5 rpPOG; § 5 saarlPolG; § 5 sächsPolG; § 8 saSOG; § 219 shLVwG; § 11 thürOBG.

[51] *Schoch*, a.a.O., Rn. 124; *Pieroth/Schlink/Kniesel*, POR, 7. Aufl. 2012, § 9, Rn. 8.

[52] BVerfGE 102, 1 (17).

[53] *Schoch*, a.a.O., Rn. 144.

Der Eigentümer kann sich zusätzlich noch auf die Eigentumsgarantie gemäß Art. 14 Abs. 1 Satz 1 GG berufen. Er hat die Freiheit, sein Eigentum nicht nur schlicht zu behalten, sondern es zu verwenden, zu verbrauchen und zu veräußern. Andererseits trifft ihn die Sozialpflichtigkeit des Eigentums nach Art. 14 Abs. 2 GG. Bei der Bemessung des Umfangs der Zustandsverantwortlichkeit, die eine Inhalts- und Schrankenbestimmung i.S.d. Art. 14 Abs. 1 Satz 2 GG ist, geht es daher um einen angemessenen Ausgleich der Risikoverteilung zwischen Eigentümer und Allgemeinheit.[54]

Vor diesem Hintergrund ist die in § 18 nwOBG normierte Zustandsverantwortlichkeit mithin legitim. Die V-OHG kann daher bei Vorliegen der weiteren Voraussetzungen der Zustandsverantwortlichkeit Adressatin einer Ordnungsverfügung sein.

III. Entstehung der Zustandsverantwortlichkeit

Die Zustandsverantwortlichkeit der V-OHG setzt voraus, dass sie entstanden ist.

1. Eigentum und Besitz der V-OHG

Die V-OHG kann als Eigentümerin des Grundstücks gemäß § 18 Abs. 1 Satz 1 nwOBG und als Besitzerin desselben gemäß § 18 Abs. 2 Satz 1 nwOBG grundsätzlich Adressatin ordnungsbehördlicher Maßnahmen sein, wenn von dem Grundstück eine Gefahr ausgehen sollte. Denn Sachen i.S.d. Zustandspflichtigkeit sind körperliche Gegenstände i.S.d. § 90 BGB; sie können beweglich oder unbeweglich sein. Grundstücke sind daher ohne Weiteres Sachen i.d.S.

2. Von der Sache ausgehende Gefahr

Die Zustandsverantwortlichkeit entsteht dadurch, dass von einer Sache eine Gefahr ausgeht, § 18 Abs. 1 Satz 1 nwOBG. Diese gesetzliche Vorschrift wird so verstanden, dass ein Zurechnungszusammenhang zwischen der Gefahrenquelle und dem Einstehenmüssen für die Gefahrenlage bestehen muss.[55]

Im vorliegenden Fall wurden schwere Verunreinigungen von Boden und Grundwasser auf dem Grundstück der V-OHG festge-

---

[54] *Schoch*, ebd.
[55] *Schoch*, a.a.O., Rn. 146.

stellt, die mit Gesundheitsgefahren für den Einzelnen wie für die Allgemeinheit einhergehen. Die Sache „Grundstück" bildet hier also unmittelbar die Gefahrenquelle. Daran, dass der erforderliche Zurechnungszusammenhang hier existiert, besteht daher kein Zweifel.

3. Fehlende Kenntnis der V-OHG

Fraglich ist jedoch, ob der Umstand, dass die V-OHG nichts von den Verunreinigungen wusste, eine andere Beurteilung der Frage nach ihrer Zustandsverantwortlichkeit erfordert.

Die Zustandsverantwortlichkeit besteht indes unabhängig von einem etwaigen Verschulden. Es kommt also nicht darauf an, ob die Gefahrenlage durch den Eigentümer selbst, durch Dritte oder durch höhere Gewalt verursacht worden ist. Unbeachtlich ist auch, ob der Eigentümer bzw. der Inhaber der tatsächlichen Gewalt überhaupt eine Möglichkeit hatte, die von der Sache ausgehende Gefahr abzuwenden.

Es ist de lege lata folglich notwendig, aber auch ausreichend für die Begründung der Zustandsverantwortlichkeit, dass von der Sache eine Gefahr ausgeht.[56]

Klausurhinweis: Dies liegt daran, dass die Zustandsverantwortlichkeit mit der Einwirkungsmöglichkeit auf die gefahrbringende Sache legitimiert wird. So wie dem Eigentümer die Vorteile der privaten Nutzung der Sache auch dann zufließen, wenn sie ohne sein Zutun entstehen, muss er umgekehrt die Lasten der Sache auch dann tragen, wenn er eine von der Sache ausgehende Gefahr gar nicht verursacht hat.[57] Nach einer anderen Meinung soll die Zustandsverantwortlichkeit allerdings nur dann eintreten, wenn der Grundstückseigentümer an der Gefahrentstehung mitgewirkt habe.

Die Zustandsverantwortlichkeit der V-OHG besteht daher, obwohl sie von den Altlasten des in Rede stehenden Grundstücks keine Kenntnis hatte.

---

[56] Vgl. nur *Schoch*, a.a.O., Rn. 147.
[57] BVerfGE 102, 1 (19).

IV. Umfang der Zustandsverantwortlichkeit

Die Inanspruchnahme der V-OHG als Zustandsveranwortliche könnte jedoch unverhältnismäßig i.S.d. § 15 nwOBG sein, da die Kosten der Sanierung den Verkehrswert des Grundstücks nach der Sanierung erheblich übersteigen. M.a.W. könnte sich die V-OHG in einer Opferposition befinden, also in einer Lage, in der ihr Eigentum durch Umstände entwertet wird, die außerhalb ihrer Risikosphäre liegen. Infolgedessen könnte es an der Angemessenheit der Heranziehung fehlen, § 15 Abs. 2 nwOBG.

Eine unverhältnismäßige Maßnahme stellt zugleich eine Ermessensüberschreitung und damit einen Ermessensfehler dar, da § 40 nwVwVfG verlangt, dass eine Behörde, der Ermessen eingeräumt wird, u.a. die gesetzlichen Grenzen des Ermessens einhält.

1. Begrenzbarkeit der Zustandsverantwortlichkeit

Die Zustandsverantwortlichkeit besteht – entgegen der früher h.M. – nach höchstrichterlicher Rechtsprechung nicht unbegrenzt. Das Bundesverfassungsgericht hat entschieden, dass bei der Frage nach den Grenzen der Zustandsverantwortlichkeit die Eigentumsgarantie aus Art. 14 Abs. 1 Satz 1 GG sowie das Übermaßverbot zu beachten sind.[58]

Klausurhinweis: Die Ansicht des Bundesverfassungsgerichts ist zwar nicht unbestritten.[59] Im Rahmen universitärer Gutachten sollten die Leitlinien dieses Gerichts aber gleichwohl zugrunde gelegt werden, da davon auszugehen ist, dass etwaige Musterlösungen ebenfalls auf der Entscheidung des Bundesverfassungsgerichts beruhen.

2. Maßgeblichkeit des Verkehrswerts des Grundstücks nach der Sanierung für die Zumutbarkeit

Als Grenze dessen, was einem Grundstückseigentümer im Rahmen seiner Zustandsverantwortlichkeit als Belastung zugemutet werden kann, zieht das Bundesverfassungsgericht als Anhaltspunkt den Verkehrswert des Grundstücks nach der Durchführung

---

[58] BVerfGE 102, 1 (18).
[59] Zur Kritik *Schoch*, POR, in: Schmidt-Aßmann/Schoch, Besonderes Verwaltungsrecht, 14. Aufl. 2008, 2. Kap., Rn. 149, Fn. 754, m.w.N.

der Sanierung heran. Wenn dieser im Verhältnis zum finanziellen Aufwand für die Sanierung geringer ist, entfällt in der Regel das Interesse des Eigentümers an einem künftigen privatnützigen Gebrauch des Grundstücks. In diesem Fall hat er noch nicht einmal die Möglichkeit, die Kosten durch einen Verkauf des Grundstücks zu decken. Das Eigentum kann daher seinen Wert und Inhalt für ihn vollkommen verlieren.

Hier hatte das Grundstück der V-OHG vor Bekanntwerden der Verunreinigungen einen Verkehrswert von EUR 450.000. Diesen Wert wird es erwartungsgemäß auch wieder erreichen, wenn die Verunreinigungen dereinst beseitigt sein werden. Für die Maßnahmen zur Beseitigung der Verunreinigungen wird die V-OHG voraussichtlich EUR 1.000.000 aufwenden müssen. Damit übersteigen die Kosten für die Sanierung die Höhe des Verkehrswertes nach der Sanierung erheblich, selbst wenn man von einer inflationsbedingten Erhöhung des Grundstückspreises ausgeht. Daher könnte die Zustandsverantwortlichkeit der V-OHG hier verfassungsrechtlich begrenzt sein.

3. Fallgruppen fehlender Zumutbarkeit

Eine den Verkehrswert überschreitende Belastung kann nach Ansicht des Bundesverfassungsgerichts insbesondere dann unzumutbar sein, wenn die Gefahr, die von dem Grundstück ausgeht, von Naturereignissen, aus der Allgemeinheit zuzurechnenden Ursachen oder von nicht nutzungsberechtigten Dritten herrührt.

Wenn das zu sanierende Grundstück den wesentlichen Teil des Vermögens des Pflichtigen bildet und die Grundlage seiner privaten Lebensführung einschließlich seiner Familie darstellt, kann die Belastung des Zustandsverantwortlichen mit den Sanierungskosten sogar schon unterhalb des Verkehrswertes des Grundstücks unzumutbar sein.[60]

> **Klausurhinweis:** Die Opferposition des Eigentümers wird also nicht im Tatbestand (der Eigentümer bleibt Zustandsverantwortlicher!), sondern bei der Rechtsfolge berücksichtigt.

---

[60] BVerfGE 102, 1 (20 f.).

Für die zuletzt genannte Fallgruppe liegen hier indes keine Anhaltspunkte vor. Fraglich ist, ob die drei anderen Fallgruppen anwendbar sind. Diese beruhen allesamt auf der Überlegung, wonach dem Zustandsverantwortlichen keine Risiken aufgebürdet werden dürfen, die auf Umstände zurückzuführen sind, die losgelöst von der Sachherrschaft über das Grundstück sind und jenseits seiner Verantwortungssphäre liegen.[61]

Diese Voraussetzungen liegen hier jedoch nicht vor, sodass eine Begrenzung der Zustandsverantwortlichkeit aus den vorgenannten Gründen nicht in Betracht kommt.

4. Zumutbarkeit bei Kenntnis oder fahrlässiger Unkenntnis von den Altlasten

Eine Begrenzung der Zustandsverantwortlichkeit könnte sich ferner daraus ergeben, dass die V-OHG beim Erwerb keine Kenntnis von den Altlasten hatte. Dem Bundesverfassungsgericht zufolge kann eine Kostenbelastung, die den Verkehrswert des sanierten Grundstücks übersteigt, nämlich auch dann zumutbar sein, wenn der Erwerber des Grundstücks die Altlasten kannte oder fahrlässig nicht kannte. Im Falle der nicht auf Fahrlässigkeit beruhenden Unkenntnis könnte der Verkehrswert dann umgekehrt die Grenze der Zumutbarkeit darstellen.

Hier hatte die V-OHG zwar keine Kenntnis von den Altlasten; die Unkenntnis beruhte aber laut Bearbeitervermerk auf grober Fahrlässigkeit. Da die Zumutbarkeit auch vom Grad der Fahrlässigkeit beeinflusst wird, wird man bei grober Fahrlässigkeit von einer Begrenzung der Zustandsverantwortlichkeit absehen müssen (a.A. nur schwer vertretbar).

5. Funktioneller Zusammenhang zwischen sanierungsbedürftigem Grundstück und eingesetztem Vermögen

Auch wenn eine Kostenbelastung jenseits des Verkehrswertes zumutbar ist, kann sie nicht auf die gesamte wirtschaftliche Leistungsfähigkeit des Eigentümers bezogen werden. Dem Eigentümer ist es dem Bundesverfassungsgericht zufolge nicht zumutbar, unbegrenzt für die Sanierung einzustehen, d.h. Vermögenswerte einzusetzen, die in keinem funktionellen Zusammenhang mit dem sanierungsbedürftigen Grundstück stehen. Ein solcher Zusam-

---

[61] BVerfGE 102, 1 (21).

menhang liegt dann vor, wenn das Grundstück Bestandteil eines land- oder forstwirtschaftlichen Betriebes oder sonstigen Unternehmens ist.[62]

Die V-OHG kann hier ihre Gewinne aus dem Verkauf der Vuvuzelas einsetzen, die in einem solchem funktionellen Zusammenhang mit dem Betriebsgrundstück stehen.

V. Ergebnis

Die Inanspruchnahme der V-OHG war angemessen und damit verhältnismäßig. Die Ordnungsbehörde hat folglich nicht ermessensfehlerhaft gehandelt. Die V-OHG konnte somit rechtmäßig herangezogen werden.

---

[62] BVerfGE 102, 1 (22 f.).

Fall 5: *Die angezeigten Polizeibeamten*

▶ **Standort:** Standardmaßnahmen; Platzverweisung; Ingewahr-samnahme; Zulässigkeit und Grenzen des Verbringungsgewahr-sams; Anwendbarkeit der Generalklausel

---

Auf einem kleineren Platz in der Nähe des Hauptbahnhofs der bayerischen Stadt N hat sich in den letzten Monaten eine Drogen-szene zu etablieren begonnen. Aus diesem Grund beobachtete die Polizei verstärkt das dortige Treiben. Eines Tages sahen die Streifenpolizisten P und W zur Mittagszeit, dass mehrere Perso-nen aus der Drogenszene konspirativ auf dem Platz zusammen-standen. P und W vermuteten, dass dort gerade Drogengeschäfte abgewickelt werden sollten, und beschlossen daher einzuschrei-ten.

Sie erteilten allen Szeneangehörigen Platzverweise, denen alle außer Herbert Dealer (D) Folge leisteten. P und W drohten da-raufhin D an, dass sie den Platzverweis mittels einer Ingewahr-samnahme durchsetzen werden, wenn er, D, nicht sofort den Platz verlasse. Da sich D dessen ungeachtet weigerte zu gehen, „ver-frachteten" die beiden Polizisten ihn in ihren Dienstwagen und verbrachten ihn an den Stadtrand, damit in den nächsten Stunden keine weiteren Drogengeschäfte unter Beteiligung des D statt-finden konnten. Wie vorteilhaft diese Maßnahme sei, wurde P und W während ihrer letzten Fortbildung ausführlich geschildert.

Nachdem D ca. 25 Minuten später an die frische Luft gesetzt wor-den war, brauchte er schließlich zwei Stunden, um wieder nach Hause zu kommen, da er sich erst orientieren und schließlich über eine halbe Stunde zu Fuß gehen musste, um die nächste Bushal-testelle zu erreichen.

Am nächsten Morgen erzählt D einem befreundeten Anwalt A, was ihm widerfahren ist. D ist der Meinung, dass sich die beiden Poli-zisten strafbar gemacht haben müssen, da ein solches polizei-liches Verhalten in einem Rechtsstaat nicht erlaubt sein könne. Er bittet A, den geschilderten Sachverhalt zu prüfen, um sodann ggf. Strafanzeige bei der Staatsanwaltschaft zu stellen.

Bearbeitervermerk:
1) Erstatten Sie das gewünschte Rechtsgutachten des A.
2) Die Prüfung der Strafbarkeit ist auf § 239 StGB zu beschränken.
3) Der Fall ist nach dem Landesrecht von Bayern zu lösen.

Auszug aus dem StGB

§ 239
(1) Wer einen Menschen einsperrt oder auf andere Weise der Freiheit beraubt, wird mit Freiheitsstrafe bis zu fünf Jahren oder mit Geldstrafe bestraft.

I. Strafbarkeit wegen Freiheitsberaubung, §§ 239 Abs. 1, 25 Abs. 2 StGB

1. Objektiver Tatbestand
2. Subjektiver Tatbestand
3. Rechtswidrigkeit
   a) Rechtsgrundlagen
      aa) Anwendung unmittelbaren Zwangs, Artt. 53 Abs. 1, 54 Abs. 1 Nr. 3, 58, 60 ff. bayPAG
         (1) Platzverweisung als Grundverfügung
         (2) Entfernungsangabe bzw. Platzanweisung als Grundverfügung
      bb) Ingewahrsamnahme, Art. 17 Abs. 1 Nr. 3 bayPAG
         (1) Direkte Anwendung
         (2) Analoge Anwendung
      cc) Polizeiliche Generalklausel, Art. 11 Abs. 1, 2 Nr. 1 bayPAG
   b) (Zwischen-)Ergebnis
4. Schuld

II. Ergebnis

Vorüberlegung: Der Fall weist zweifellos einen ungewohnten Einstieg auf. Denn der Ersteller der Klausur fragt hier nicht, ob die Maßnahme der beiden Polizisten rechtmäßig ist oder ob eine Klage des Maßnahmeadressaten Erfolg hätte. Stattdessen wird die Frage nach der *Strafbarkeit* polizeilichen Verhaltens aufgeworfen.

Durch solche Aufgabenstellungen, die prima facie schwierig erscheinen mögen, darf man sich jedoch nicht aus der Ruhe bringen lassen. Entscheidend ist auch hier, den Schwerpunkt des Falles herauszuarbeiten. Dieser liegt nicht im Strafrecht, wie man vielleicht zunächst denken könnte, sondern (natürlich) im Polizeirecht. Die zentrale Frage auch dieses Falles ist die nach der Rechtmäßigkeit der polizeilichen Maßnahme,

> sodass wir uns nach kurzen – und im Ergebnis unproblematischen – straf-
> rechtlichen Ausführungen zur Tatbestandsmäßigkeit des polizeilichen
> Verhaltens auf der Ebene der Rechtswidrigkeit in bekanntes öffentlich-
> rechtliches Terrain begeben werden. Von der Beurteilung dieser Frage
> wird dann die den Fall einkleidende Frage nach der Strafbarkeit der bei-
> den Polizisten abhängen. Der Schwierigkeitsgrad dieses Falles ist hoch.

P und W könnten sich wegen gemeinschaftlicher Freiheitsberaubung gemäß den §§ 239 Abs. 1, 25 Abs. 2 StGB strafbar gemacht
haben, indem sie D in ihren Wagen „verfrachteten" und ihn erst am
Stadtrand wieder entließen.

> **Klausurhinweis:** Es gelten keine Besonderheiten im Vergleich zu
> strafrechtlichen Gutachten! Also vergessen Sie nicht, dem Korrek-
> tor genau darzulegen, welches menschliche Verhalten (= Tun oder
> Unterlassen) im Folgenden auf seine strafrechtliche Relevanz hin
> überprüft werden soll.

I. Strafbarkeit wegen Freiheitsberaubung, §§ 239 Abs. 1, 25 Abs. 2 StGB

P und W hätten sich strafbar gemacht, wenn sie den objektiven
Tatbestand des § 239 StGB verwirklicht haben (dazu 1), der subjektive Tatbestand erfüllt ist (dazu 2), sie rechtswidrig (dazu 3) und
schuldhaft (dazu 4.) gehandelt haben.

1. Objektiver Tatbestand

Dazu müssten P und W einen Menschen eingesperrt oder auf andere Weise der Freiheit beraubt haben.

a) Die beiden Polizisten könnten D hier eingesperrt haben. Einsperren heißt, jemanden durch äußere Vorrichtungen am Verlassen eines Raumes zu hindern.[63]

Fraglich ist, ob D tatsächlich eingesperrt wurde. Die beiden Polizisten haben D zunächst in ihr Polizeifahrzeug und anschließend
zum Stadtrand verbracht, was insgesamt ca. 25 Minuten dauerte.
Nach einer Meinung wird das Festhalten in beweglichen Räumen
wie in Personenwagen als *Einsperren* in diesem Sinne verstan-

---

[63] Lackner/*Kühl*, StGB, 27. Aufl. 2011, § 239, Rn. 3.

den.[64] Nach einer anderen Meinung hingegen soll die betroffene Person in dieser Konstellation *auf andere Weise der Freiheit beraubt* sein.[65]

Da beide Meinungen somit zum gleichen Ergebnis führen, bedarf dieser Streit keiner Entscheidung.

Klausurhinweis: In einer strafrechtlichen Klausur kann und sollte man u. E. an dieser Stelle auch andeuten, welche Meinung man für vorzugswürdig hielte, wenn es in concreto darauf ankäme. *Andeuten* heißt eine kurze Stellungnahme. Denn in concreto ist die Frage ja gerade nicht entscheidungserheblich. Bei einer guten Begründung wird dies mit Sicherheit einen positiven Eindruck beim Korrektor hinterlassen.

b) Eine tatbestandlich relevante Freiheitsberaubung setzt ferner voraus, dass die sog. Erheblichkeitsschwelle überschritten wird. Bei einer Fahrt von 25 Minuten ist dies ohne Weiteres zu bejahen, da man bereits die Zeit des Gebets eines „Vaterunser" ausreichen lässt.[66]

Klausurhinweis: Schöpfen Sie den Sachverhalt aus! Dass die Fahrt zum Stadtrand 25 Minuten und nicht 35 Sekunden dauerte, spielt (natürlich!) eine Rolle. Solche Angaben sind daher üblicherweise (Ausnahmen gibt es immer) von Bedeutung. Die gewiss nicht immer leichte Aufgabe besteht darin, zu erkennen, an welcher Stelle des Gutachtens die in Rede stehende Angabe sinnvollerweise untergebracht werden muss.

c) Da der Vorgang erkennbar gegen den Willen des D stattfand, liegt auch kein tatbestandsausschließendes Einverständnis vor.

d) Somit wurde der objektive Tatbestand des § 239 Abs. 1 StGB von P und W verwirklicht.

---

[64] *Sonnen*, in: Kindhäuser/Neumann/Paeffgen, StGB, Bd. 2, 3. Aufl. 2010, § 239, Rn. 17.

[65] Vgl. *Rengier*, Strafrecht, Besonderer Teil II, 12. Aufl. 2011, § 22, Rn. 6.

[66] Vgl. *Sonnen*, a.a.O., mit Hinweis auf die Rechtsprechung des Reichsgerichts.

2. Subjektiver Tatbestand

P und W müssten vorsätzlich gehandelt haben. Daran, dass die beiden Polizisten mit dolus directus 1. Grades handelten, besteht vorliegend freilich kein Zweifel. Denn die Polizisten handelten mit Absicht.

3. Rechtswidrigkeit

Zu prüfen ist weiter, ob P und W rechtswidrig gehandelt haben. Dies wäre nur dann der Fall, wenn die durchgeführte Maßnahme ihrerseits nicht mit dem geltenden Polizeirecht im Einklang stünde. War die Maßnahme hingegen (polizei-)rechtmäßig, dann können sich die beiden Polizeibeamten auf einen Rechtfertigungsgrund berufen, der eine Strafbarkeit entfallen lässt (Gedanke der Einheit der Rechtsordnung).

Klausurhinweis: Von diesem Gliederungspunkt an verläuft die Prüfung in den gewohnten Bahnen. Die Prüfung der polizeilichen Maßnahme erfolgt anhand des bekannten Schemas
    1) Rechtsgrundlage
    2) Formelle Rechtmäßigkeit
    3) Materielle Rechtmäßigkeit,
wobei hier die Besonderheit besteht, dass die Prüfung schon auf der ersten Stufe abgebrochen werden kann.

---

a) Fraglich ist, auf welche Rechtsgrundlage die Maßnahme gestützt werden kann. Es kommen vorliegend verschiedene Befugnisnormen in Betracht: die Anwendung unmittelbaren Zwangs (dazu aa)), die Ingewahrsamnahme (dazu bb)) und die Generalklausel (dazu cc)).

aa) Anwendung unmittelbaren Zwangs, Artt. 53 Abs. 1, 54 Abs. 1 Nr. 3, 58, 60 ff. bayPAG[67]

Die in Rede stehende Maßnahme, die im polizeirechtlichen Sprachgebrauch als Verbringungsgewahrsam bezeichnet wird, könnte sich rechtlich als Anwendung unmittelbaren Zwangs darstellen lassen. Als Rechtsgrundlage kämen dann die Artt. 53 Abs. 1, 54 Abs. 1 Nr. 3, 58, 60 ff. bayPAG in Betracht.

---

[67] §§ 49 Abs. 2, 50 ff. bwPolG; §§ 50 Abs. 1, 51 Abs. 1 Nr. 3, 55, 57 ff. nwPolG; §§ 44 Abs. 1, 45 Abs. 1 Nr. 3, 49 saarlPolG.

Klausurhinweis: Wissen zeigen! Natürlich haben Sie schon vom *„Verbringungsgewahrsam"* gehört und wissen, dass P und W just diese Maßnahme angewendet haben. Damit dies auch der Korrektor weiß, sollten Sie nicht vergessen, die Maßnahme so früh wie möglich auch bei ihrem Namen zu nennen und nicht nur von „der polizeilichen Maßnahme" sprechen. Wenn Sie darüber hinaus sogar „Sonderwissen" haben, können und sollten Sie dies auch offenbaren: die Maßnahme wird auch als *Verbringung* bezeichnet. Warum dies der Fall ist, wird sogleich zu zeigen sein.

(1) Platzverweisung als Grundverfügung

Die Anwendung unmittelbaren Zwangs setzt grundsätzlich eine vollstreckbare Grundverfügung voraus (sog. gestrecktes Zwangsverfahren). Dafür, dass hier der Ausnahmefall der sofortigen Vollziehung gemäß Art. 53 Abs. 1 bayPAG und damit ein abgekürztes Vollstreckungsverfahren stattfand, ist nichts ersichtlich.

Als Grundverfügung kommt die Platzverweisung gemäß Art. 16 Satz 1 bayPAG in Frage. Denn P und W haben D zunächst des kleineren Platzes verwiesen, bevor sie schließlich zu anderen Maßnahmen übergingen.

Im Ergebnis muss diese Konstruktion freilich abgelehnt werden, da die Polizei im Rahmen der Vollstreckung eines Platzverweises mittels unmittelbaren Zwangs den Betroffenen zwar aus dem Verbotsbereich herausdrängen, wegführen oder gar wegtragen kann, ihn aber nicht an den Stadtrand verbringen kann. Das Verbringen an den Stadtrand überschreitet ersichtlich den vollstreckbaren Inhalt der Grundverfügung „Platzverweisung". Denn die Platzverweisung gemäß Art. 16 Satz 1 bayPAG ermächtigt die Polizei nur dazu, den Adressaten aufzufordern, den Gefahrenbereich zu verlassen und ihm ggf. die Richtung vorzugeben (sog. Richtungsanweisung). Sie beinhaltet demgegenüber keine Ermächtigung, dem Störer gegenüber anzuordnen, entweder eine bestimmte Entfernung zum Gefahrenort einzuhalten (sog. Entfernungsangabe bzw. -vorgabe) oder gar einen bestimmten Ort aufzusuchen (sog. Platzanweisung bzw. -zuweisung).

M.a.W. darf die Polizei dem Adressaten einer Platzverweisung weder vorgeben, dass er sich z.B. 5 km – in welche Richtung auch immer – entfernen noch dass er sich etwa an diesen Platz oder an jenes Waldstück begeben soll.

Wenn schon die Grundverfügung nicht zur Entfernungsangabe oder Platzanweisung ermächtigt, dann kann dieses Ergebnis natürlich auch nicht mittels einer Vollstreckung erzielt werden. Folglich wurde hier keine Platzverweisung gemäß Art. 16 Satz 1 bayPAG im Wege des unmittelbaren Zwangs vollstreckt.

(2) Entfernungsangabe bzw. Platzanweisung als Grundverfügung

An Stelle der Platzverweisung gemäß Art. 16 Satz 1 bayPAG könnte als Grundverfügung die eben angesprochene polizeiliche Maßnahme der Entfernungsangabe oder der Platzanweisung vollstreckt worden sein.

Unabhängig von der schwierigen (Rechts-)Frage, ob diese atypischen Maßnahmen überhaupt auf die Generalklausel gestützt werden können oder ob nicht der Rückgriff auf die Generalklausel durch Art. 16 bayPAG, auf den die beiden Maßnahmen ja nicht gestützt werden können, gesperrt ist, überzeugt auch diese rechtliche Konstruktion nicht, und zwar aus folgendem Grund: P und W haben D lediglich aufgefordert, den Platz zu verlassen. Sie haben ihn demgegenüber nicht aufgefordert, eine bestimmte Entfernung zum Gefahrenort einzuhalten oder gar einen bestimmten Ort aufzusuchen. Damit scheidet diese Konstruktion schon aus tatsächlichen Gründen aus. [68]

Klausurhinweis: Die Ausführungen unter (2) können nur von ganz herausragenden Bearbeitern erwartet werden. Das Wissen um diese dogmatische Konstruktion des Verbringungsgewahrsams gehört daher keinesfalls zum Standardrepertoire, welches von Ihnen im Rahmen einer Klausur erwartet wird.

---

bb) Ingewahrsamnahme, Art. 17 Abs. 1 Nr. 3 bayPAG[69]

Der Verbringungsgewahrsam könnte rechtlich als eine Ingewahrsamnahme zu qualifizieren sein. Die Ingewahrsamnahme ist eine polizeiliche Standardmaßnahme und in Art. 17 bayPAG normiert.

---

[68] Zum Ganzen *Schucht*, DIE POLIZEI 2011, 287 (291 ff.).

[69] § 28 bwPolG; § 30 berlASOG; § 17 bbgPolG; § 15 bremPolG; § 13 hambSOG; § 32 hessSOG; § 55 mvSOG; § 18 ndsSOG; § 35 nwPolG; § 14 rpPOG; § 13 saarlPolG; § 22 sächsPolG; § 37 saSOG; § 204 shLVwG; § 19 thürPAG.

(1) Direkte Anwendung

Der Verbringungsgewahrsam könnte auf Art. 17 Abs. 1 Nr. 3 bayPAG gestützt werden. Dazu müsste es sich um eine Ingewahrsamnahme zur Durchsetzung eines Platzverweises handeln.

> **Klausurhinweis:** Denkbar ist grds. auch eine Lösung über den Sicherheitsgewahrsam gemäß Art. 17 Abs. 1 Nr. 2 bayPAG. Da hier allerdings ein Platzverweis vorausging, ist Art. 17 Abs. 1 Nr. 3 bayPAG als lex specialis anzusehen.

Dazu müsste die Maßnahme als *Gewahrsam* i.S.d. Art. 17 Abs. 1 bayPAG aufgefasst werden können. Unter Gewahrsam in diesem Sinne wird ein mit hoheitlicher Gewalt hergestelltes Rechtsverhältnis verstanden, kraft dessen einer Person die Freiheit in der Weise entzogen wird, dass sie von der Polizei in einer dem polizeilichen Zweck entsprechenden Weise verwahrt und daran gehindert wird, sich fortzubewegen.[70] M.a.W. wird die in Gewahrsam genommene Person daran gehindert, einen eng umgrenzten Ort zu verlassen.

Fraglich ist, ob die in Rede stehende Maßnahme der Polizisten P und W unter diesen Begriff zu subsumieren ist. Schließlich haben sie D nicht nur an einem eng umgrenzten Ort festgehalten; darüber hinaus haben sie D an einen entlegenen Ort verbracht.

Nach einer Meinung soll die Ingewahrsamnahme auch ein solches Verbringen zulassen. Schließlich könne der Betroffene im Zuge einer Ingewahrsamnahme ja auch in die Gewahrsamsräume verbracht werden.[71]

Auch wenn diese Aussage zutrifft, ändert dies doch nichts daran, dass der hier in Rede stehende Verbringungsgewahrsam mit der ganz h.M. kein Gewahrsam i.S.d. POR ist.[72] Denn mit dem Verbringungsgewahrsam werden zwei Mittel eingesetzt, um einen Störer vom Gefahrenort fernzuhalten, die gleichberechtigt nebeneinander stehen und sich ergänzen: erstens eine Freiheitsbeschränkung und zweitens eine Verbringung.

---

[70] *Stoermer*, Der polizeirechtliche Gewahrsam unter besonderer Berücksichtigung des Unterbindungsgewahrsams, 1998, S. 25.

[71] *Hasse/Mordas*, ThürVBl. 2002, 130 (131).

[72] Vgl. nur LG Hamburg, NVwZ-RR 1998, 537 (538); *Gusy*, NWVBl. 2004, 1 (8).

Demgegenüber steht bei der Ingewahrsamnahme nur ein Mittel im Vordergrund: die Entziehung der körperlichen Bewegungsfreiheit. Eine etwaige Verbringung (in die polizeilichen Gewahrsamsräume) stellt beim Gewahrsam eine bloße Nebenfolge dar. Sie ist kein selbstständiger Bestandteil der Maßnahme.

(2) Analoge Anwendung

Der Verbringungsgewahrsam könnte als mildere Maßnahme im Vergleich zur Ingewahrsamnahme auf Art. 17 Abs. 1 Nr. 3 bayPAG analog gestützt werden, sofern dessen tatbestandliche Voraussetzungen vorliegen.

Hinter dieser Konstruktion steckt der Grundsatz der Verhältnismäßigkeit. Zum Teil wird auch eine Analogie zum Versammlungsrecht gezogen, indem die dort geltenden Grundsätze zur Zulässigkeit der sog. Minus-Maßnahmen im Rahmen des § 15 VersG auf die Frage des Verbringungsgewahrsams übertragen werden.

Die umstrittene Frage, ob der Verbringungsgewahrsam tatsächlich das mildere Mittel im Vergleich zur Ingewahrsamnahme ist, kann hier dahinstehen. Denn nach h.M. wird der Verbringungsgewahrsam als *Aliud-Maßnahme* im Verhältnis zur Ingewahrsamnahme angesehen, weil mit der Verbringung ein weiteres Gefahrenabwehrmittel zum Einsatz gelangt, welches die Ingewahrsamnahme nicht kennt. M.a.W. ist der Verbringungsgewahrsam der Ingewahrsamnahme nicht immanent.

Somit scheidet eine analoge Anwendung des Art. 17 Abs. 1 Nr. 3 bayPAG aus.

cc) Generalklausel, Art. 11 Abs. 1, 2 Satz 1 Nr. 1 bayPAG[73]

Zuletzt könnte die Maßnahme auf die polizeiliche Generalklausel gemäß Art. 11 Abs. 1, 2 Satz 1 Nr. 1 bayPAG gestützt werden. Dazu müsste die Generalklausel überhaupt anwendbar sein. Die Generalklausel ist gemäß Art. 11 Abs. 1 Hs. 2 bayPAG nur anwendbar, „soweit nicht die Art. 12 bis 48 die Befugnisse der Polizei besonders regeln."

---

[73] §§ 3, 1 bwPolG; § 17 berlASOG; § 10 bbgPolG; § 10 bremPolG; § 3 hambSOG; § 11 hessSOG; § 13 mvSOG; § 11 ndsSOG; § 8 nwPolG, § 9 rpPOG; § 8 saarlPolG; § 3 sächsPolG; § 13 saSOG; § 174 shLVwG; § 12 thürPAG.

Da der Verbringungsgewahrsam in den Standardmaßnahmen der Artt. 12 ff. bayPAG, insbesondere in Art. 17 bayPAG nicht geregelt ist, ist die Generalklausel grundsätzlich heranziehbar.

Diese Ansicht findet allerdings weder in der Rechtsprechung noch in der Literatur Anhänger.[74] Der ganz h.M. ist hier aus den folgenden Gründen beizupflichten:

Die Generalklausel ist in diesem Fall nicht anwendbar, weil die Existenz der Standardmaßnahmen „Ingewahrsamnahme" und „Platzverweisung" verhindert, dass eine Maßnahme, die gleichsam zwischen diesen Maßnahmen liegt, auf die Generalklausel gestützt werden kann.[75] Zudem wird der Verbringungsgewahrsam vielfach als freiheitsentziehende Maßnahme angesehen.[76] Diese Maßnahmen sind aber in den polizeigesetzlichen Normen über die Ingewahrsamnahme abschließend geregelt. Dies ist auch verfassungsrechtlich geboten, weil die Generalklausel in Anbetracht der in Art. 104 Abs. 2-4 GG niedergelegten Anforderungen an Freiheitsentziehungen kein Befugnistyp ist, der diese besonders intensive Form der Beschränkung körperlicher Bewegungsfreiheit zu tragen imstande ist.[77]

b) (Zwischen-)Ergebnis

Somit kann die Maßnahme auf keine Rechtsgrundlage gestützt werden. Sie ist mithin rechtswidrig und kann daher keinen Rechtfertigungsgrund für die tatbestandliche Freiheitsberaubung gemäß § 239 Abs. 1 StGB darstellen.[78]

4. Schuld

P und W müssten schuldhaft gehandelt haben. Daran könnte hier deshalb gezweifelt werden, weil sich die beiden Polizisten in einem Verbotsirrtum befunden haben könnten.

---

[74] Vgl. *Schucht*, Generalklausel und Standardmaßnahme, 2010, S. 305 f.
[75] *Hoeft*, Polizeiliche Maßnahmen gegen die offen Drogenszene, 1999, S. 181.
[76] Diese Ansicht überzeugt freilich nicht, wenn man mit einer oft vertretenen Auffassung die Dauer einer Maßnahme als geeignetes Abgrenzungskriterium zwischen Freiheitsbeschränkung und -entziehung ansieht und dabei die Schwelle zur Freiheitsentziehung erst bei mehreren Stunden zieht.
[77] Vgl. hierzu LG Hamburg, NVwZ-RR 1997, 537 (539).
[78] Hierzu ausführlich *Schucht*, DÖV 2011, 553 (556 ff.).

Fehlt dem Täter bei Begehung der Tat die Einsicht, Unrecht zu tun, so handelt er ohne Schuld, wenn er diesen Irrtum nicht vermeiden konnte, § 17 StGB. Das Unrechtsbewusstsein ist die Erkenntnis, dass die Tat gegen die verbindliche materiale Wertordnung des Rechts verstößt und daher rechtlich verboten ist. Es reicht aus, wenn der Täter nur für möglich hält, Unrecht zu tun.[79]

Dafür, dass P und W Unrechtsbewusstsein i.d.S. hatten, liegen keine Anhaltspunkte vor.

Fraglich ist, ob P und W diesen Irrtum *vermeiden* konnten. In diesem Zusammenhang kommt es darauf an, ob der konkrete Täter nach seinen individuellen Fähigkeiten bei Einsatz aller seiner Erkenntniskräfte und sittlichen Wertvorstellungen zur Unrechtseinsicht hätte kommen können.[80]

Hier dürfte der Irrtum unvermeidbar gewesen sein, da P und W keinen Grund hatten, an den Ihnen bei der Fortbildung vermittelten Inhalten zu zweifeln, zumal es sich um eine sehr umstrittene Frage handelt.

Klausurhinweis: Es fällt immer wieder auf, dass die Ausführungen zu zivil- oder strafrechtlichen (Neben-)Fragen in öffentlich-rechtlichen Klausuren deutlich schwächer sind als die Behandlung der im Vordergrund stehenden Fragen aus dem öffentlichen Recht. Dies kann zu erheblichen Punktabzügen führen, was insofern ärgerlich ist, als diese kurzen Ausflüge in andere Rechtsgebiete zumeist keine größeren Schwierigkeiten bereiten sollen. Auch in diesem Fall wird nur erwartet, dass der bereits aus der Anfängervorlesung zum Strafrecht bekannte Verbotsirrtum zum Gegenstand der Lösung gemacht wird, indem sein Vorliegen unter Berücksichtigung der Sachverhaltsangaben bejaht wird.

II. Ergebnis

Somit scheidet eine Strafbarkeit von P und W wegen Freiheitsberaubung gemäß den §§ 239 Abs. 1, 25 Abs. 2 StGB aus.

---

[79] Lackner/*Kühl*, StGB, 27. Aufl. 2011, § 17, Rn. 2, 4.
[80] Lackner/*Kühl*, StGB, 27. Aufl. 2011, § 17, Rn. 7.

Fall 6: *Urlaub mit Hindernissen*[81]

▸ **Standort:** Standardmaßnahmen; Meldeauflage; Anwendbarkeit der Generalklausel

Der dem linksextremen Lager zugehörige Hans-Jörg Krawall (K) aus K in Nordrhein-Westfalen überlegt, ob er nicht wegen eines anstehenden Treffens hochrangiger internationaler politischer Repräsentanten, welches in der Zeit vom 15.9. bis zum 19.9.2011 in Italien stattfinden soll, seine ursprünglichen Reisepläne aufgeben und über den Brenner ziehen soll anstatt mit seiner Familie im Harz zu wandern.

Die zuständige Ordnungsbehörde erkennt derweil nach Auswertung einschlägiger Aufrufe im Internet eine breite Mobilisierung gewaltbereiter Globalisierungsgegner gegen die Veranstaltung in Italien. Bei dem Gipfeltreffen vor einem Jahr in Schweden kam es bereits zu massiven gewalttätigen Auseinandersetzungen zwischen der Polizei und Globalisierungsgegnern mit Personen- und Sachschäden, an denen auch deutsche Linksextremisten teilnahmen. Die schwedische Polizei nahm sechs in K gemeldete Personen fest.

Die Ordnungsbehörde verfügt über insgesamt sechs für sicherheitsrelevant gehaltene Datensätze des K aus der jüngsten Vergangenheit, darunter zwei Strafverfahren wegen Sachbeschädigung und Körperverletzung, die jeweils mit der Verhängung von Strafen geendet hatten. Zudem ist bekannt, dass K immer noch ein aktives Mitglied der linksextremistischen Szene von K ist.

Am 9.9.2011 verfügt die Ordnungsbehörde, dass K sich in der Zeit vom 15.9. bis zum 19.9.2011 unter Vorlage eines gültigen Personaldokuments auf jener Polizeiwache zu melden habe, die von seiner Wohnung am schnellsten zu erreichen ist, und ordnet zugleich die sofortige Vollziehung an.

Zu diesem Schritt sah sie sich veranlasst, weil K im Rahmen einer Anhörung mitteilte, dass er sich gut vorstellen könne, sich an den diesjährigen Protesten in Italien zu beteiligen. In diesem Zusammenhang sagte K freilich auch, dass er nicht an gewalttätigen Aus-

---

[81] Fall nach BVerwG, NVwZ 2007, 1439 ff.; OVG Berlin-Brandenburg, Urteil vom 21.3.2006 – 1 B 7.04 – juris; VG Berlin, Urteil vom 17.12.2003 – 1 A 309.01 – juris.

einandersetzungen teilnehmen wolle. Denn diese Phase seines Lebens liege inzwischen hinter ihm.

Zur Begründung des auf die Standardmaßnahme der Vorladung gestützten Bescheides führte die Ordnungsbehörde an, dass auf Grund der intensiven Mobilisierung der linken Szene, vor allem auch im Stadtgebiet von K, davon auszugehen sei, dass ein Teil der dort ansässigen gewaltbereiten linksextremistischen Szene zu den angekündigten Protestveranstaltungen nach Italien reisen werde. Es sei von einem hohen Gewaltpotential auch deutscher, insbesondere aus K stammender Linksextremisten auszugehen. K gehöre zu diesem Kreis, zumal er bereits Straftaten begangen habe und auch überregional aufgefallen sei.

K ist empört über die Verfügung. Von der Polizei will er sich nicht vorschreiben lassen, wo er seinen verdienten Jahresurlaub verbringt. Zudem kann er sich nicht vorstellen, dass diese Maßnahme eine Vorladung sei. Er sei in der Vergangenheit zwar schon gelegentlich vorgeladen worden; dabei habe er aber stets nur einmal bei der Polizei erscheinen müssen und nicht wie jetzt mehrmals über einen längeren Zeitraum. Er beauftragt daher Rechtsanwalt R zu prüfen, ob die Maßnahme der Ordnungsbehörde rechtens ist. K fragt sich überdies, welches Rechtsmittel bei bestehender Erfolgsaussicht einzulegen sei.

Bearbeitervermerk:
1) Erstatten Sie das gewünschte Rechtsgutachten.
2) Der Fall ist nach dem Landesrecht von Nordrhein-Westfalen zu lösen.

I. Rechtsgrundlage
1. Platzverweisung, § 24 Nr. 13 nwOBG i.V.m. § 34 Abs. 1 nwPolG
2. Vorladung, § 24 Nr. 2 nwOBG i.V.m. § 10 Abs. 1 Nr. 1 nwPolG
3. Generalklausel, § 14 Abs. 1 nwOBG
4. (Zwischen-) Ergebnis
II. Formelle Rechtmäßigkeit
1. Zuständigkeit
2. Verfahren
3. Form
4. (Zwischen-)Ergebnis
III. Materielle Rechtmäßigkeit
1. Anwendbarkeit des § 14 Abs. 1 nwOBG
2. Gefahr für die öffentliche Sicherheit oder Ordnung
3. Pflichtigkeit
4. Ermessen
IV. Ergebnis

Vorüberlegung: Es ist wichtig, sich stets zuerst mit der Aufgabenstellung vertraut zu machen. In diesem Fall wird weder nach den Erfolgsaussichten eines eingelegten oder noch einzulegenden Widerspruchs (beachte aber § 110 nwJustG[82]) noch einer erhobenen oder noch zu erhebenden Klage gefragt. Stattdessen ist nur die Rechtmäßigkeit der polizeilichen Maßnahme zu prüfen. Anders formuliert: Fragen der Zulässigkeit (eines Rechtsmittels) dürfen bei der zu erstellenden Lösung keine Rolle spielen. Es geht nur um solche Fragen, die ansonsten im Rahmen der Begründetheit abzuhandeln sind.

Die Lösung ist daher anhand des Aufbaus
  1) Rechtsgrundlage
  2) Formelle Rechtmäßigkeit
  3) Materielle Rechtmäßigkeit
zu entwickeln.

Einer der Schwerpunkte des Falles ist die Frage nach der richtigen Rechtsgrundlage, vor allem mit Blick auf die angesprochene (Standard-)Maßnahme der Vorladung. Die Zusatzfrage wird uns in das Feld des einstweiligen Rechtsschutzes führen. Sodann ist zu beachten, dass die Klausur im Ordnungs- und nicht im Polizeirecht spielt!

Die Maßnahme der Ordnungsbehörde ist rechtmäßig, wenn sie erstens auf eine taugliche Rechtsgrundlage (dazu I.) gestützt werden kann, zweitens formell (dazu II.) und drittens materiell (dazu III.) rechtmäßig ist.

I. Rechtsgrundlage

Fraglich ist zunächst, welche Rechtsgrundlage die Maßnahme in rechtlicher Hinsicht zu tragen imstande ist. Da sondergesetzliche Eingriffsermächtigungen ersichtlich ausscheiden, kommen hier nur Rechtsgrundlagen aus dem polizei- und ordnungsgesetzlichen Eingriffsinstrumentarium in Betracht. Als denkbare Rechtsgrundlagen sind im Folgenden zunächst die Standardmaßnahmen Platzverweisung sowie Vorladung und sodann die Generalklausel zu prüfen.

---

[82] Seit dem 1.1.2011 gilt in Nordrhein-Westfalen das Gesetz über die Justiz im Land Nordrhein-Westfalen (JustG). Das Absehen vom Vorverfahren (vormals geregelt in § 6 nwAG VwGO) ist nun in § 110 nwJustG geregelt.

1. Platzverweisung, § 24 Nr. 13 nwOBG i.V.m. § 34 Abs. 1 nwPolG[83]

Auch wenn die Maßnahme „Platzverweisung" demselben Zweck dient wie die in Rede stehende Maßnahme und ihr derselbe Gefahrensachverhalt zugrunde liegt wie dieser, da jeweils eine polizeiliche Gefahr besteht, die durch die Anwesenheit einer Person an einem bestimmten Ort verursacht wird, kommt sie als Rechtsgrundlage hier nicht in Betracht. Denn sie ermächtigt zu einem Entfernungsgebot bzw. einem Betretensverbot, nicht aber zu einem Erscheinensgebot. Somit kann sich die Ordnungsbehörde nicht auf § 24 Nr. 13 nwOBG i.V.m. § 34 Abs. 1 nwPolG berufen.

Klausurhinweis: Die Platzverweisung muss man in einer Klausur sicherlich nicht anprüfen, um eine hohe Punktzahl zu erreichen. Da der Fall die Frage nach der richtigen Befugnisnorm aber ausdrücklich aufwirft, ist eine ausführliche Auseinandersetzung, die alle denkbaren Eingriffsgrundlagen in die Überlegungen einbezieht, freilich empfehlenswert.

---

2. Vorladung, § 24 Nr. 2 nwOBG i.V.m. § 10 Abs. 1 Nr. 1 nwPolG[84]

Die Maßnahme könnte jedoch auf § 24 Nr. 2 nwOBG i.V.m. § 10 Abs. 1 Nr. 1 nwPolG gestützt werden. Dazu müsste es sich bei der ordnungsbehördlichen Verfügung um eine Vorladung i.S.d. § 10 Abs. 1 nwPolG handeln.

a) Die in § 10 Abs. 1 nwPolG geregelte Vorladung gebietet, zu oder auch bis zu einem bestimmten Zeitpunkt an einem bestimmten Ort, regelmäßig einer Polizeidienststelle, zu erscheinen und bis zur Erledigung der in der Vorladung bezeichneten Angelegenheit zu bleiben.

---

[83] § 27a bwPolG; § 29 berlASOG; § 23 bbgOBG i.V.m. § 16 bbgPolG; § 14 bremPolG; § 12a hambSOG; § 31 hessSOG; § 52 mvSOG; § 17 ndsSOG; § 13 rpPOG; § 12 saarlPolG; § 21 sächsPolG; § 36 saSOG; § 201 shLVwG; § 17 thürOBG.

[84] § 27 bwPolG; § 20 berlASOG; § 23 bbgOBG i.V.m. § 15 bbgPolG; § 12 bremPolG; § 11 hambSOG; § 30 hessSOG; § 50 mvSOG; § 16 ndsSOG; § 12 rpPOG; § 11 saarlPolG; § 18 sächsPolG; § 35 saSOG; § 199 shLVwG; § 16 thürOBG.

Die Vorladung darf de lege lata grundsätzlich nur zu zwei Zwecken angeordnet werden. Aufgrund der Verweisung in § 24 Nr. 2 nwOBG darf die Ordnungsbehörde eine Person sogar nur dann vorladen, wenn Tatsachen die Annahme rechtfertigen, dass die Person sachdienliche Angaben machen kann, die für die Erfüllung einer bestimmten ordnungsbehördlichen Aufgabe erforderlich sind.

b) Die Ordnungsbehörde hat den K vorgeladen, damit er sich während des bevorstehenden Gipfeltreffens in Italien nicht an gewalttätigen Auseinandersetzungen und Sachbeschädigungen beteiligen kann. Sachdienliche Angaben werden von K hingegen nicht erwartet.

c) Die tatbestandlichen Voraussetzungen des § 24 Nr. 2 nwOBG i.V.m. § 10 Abs. 1 Nr. 1 nwPolG liegen mithin nicht vor. Somit kann die Maßnahme nicht auf diese Rechtsgrundlage gestützt werden.

3. Generalkausel, § 14 Abs. 1 nwOBG[85]

Die Maßnahme könnte schließlich auf die ordnungsbehördliche Generalklausel gemäß § 14 Abs. 1 nwOBG gestützt werden.

> **Klausurhinweis:** Die Frage der Anwendbarkeit der Generalklausel kann auch schon an dieser Stelle problematisiert werden. Damit die Prüfung nicht allzu kopflastig wird, wird sie in dieser Lösung freilich erst im Rahmen der materiellen Rechtmäßigkeit geprüft.

II. Formelle Rechtmäßigkeit

Zu prüfen ist, ob die Maßnahme formell rechtmäßig ist. Dazu müsste die zuständige Behörde gehandelt haben (dazu 1.), und die Vorschriften über das Verfahren (dazu 2.) sowie die Form (dazu 3.) müssten beachtet worden sein.

1. Zuständigkeit

Laut Sachverhalt hat die sachlich und örtlich zuständige Ordnungsbehörde gehandelt.

---

[85] §§ 3, 1 bwPolG; Art. 11 bayLStVG; § 17 berlASOG; § 13 Abs. 1 bbgOBG; § 10 bremPolG; § 3 hambSOG; § 11 hessSOG; § 13 mvSOG; § 11 ndsSOG; § 9 rpPOG; § 8 saarlPolG; § 3 sächsPolG; § 13 saSOG; § 174 shLVwG; § 5 thürOBG.

> **Klausurhinweis:** Meldeauflagen werden regelmäßig von den Ord-
> nungs- und nicht von den Polizeibehörden angeordnet. Dies liegt
> darin begründet, dass in den typischen Fällen kein Eilfall vorliegt,
> sodass das polizeiliche Recht des ersten Zugriffs (vgl. Art. 3
> bayPAG; § 1 Abs. 1 Satz 3 nwPolG) nicht zum Tragen kommt.
> Denn zumeist sind die Termine der gefahrenträchtigen Ereignisse,
> bei denen behördlicherseits mit der Meldeauflage gearbeitet wird
> (Versammlungen mit rechtsextremistischem Hintergrund, Fußball-
> Welt- oder Europameisterschaften und Veranstaltungen, die mili-
> tante Globalisierungsgegner auf den Plan rufen), lange im Voraus
> bekannt, sodass die Gefahrenabwehr vom Schreibtisch aus be-
> werkstelligt werden kann.

2. Verfahren

Eine Anhörung gemäß § 28 Abs. 1 nwVwVfG wurde durchgeführt.

3. Form

Der Verwaltungsakt erging in schriftlicher Form und wurde begründet. Somit wurde den Vorschriften der §§ 37 Abs. 2, 39 Abs. 1
nwVwVfG Rechnung getragen.

4. (Zwischen-)Ergebnis

Die polizeiliche Maßnahme ist formell rechtmäßig.

III. Materielle Rechtmäßigkeit

Die ordnungsbehördliche Generalklausel müsste anwendbar sein
(dazu 1.), und ihre tatbestandlichen Voraussetzungen müssten
vorliegen (dazu 2.).

1. Anwendbarkeit des § 14 Abs. 1 nwOBG

Die ordnungsbehördliche Generalklausel müsste überhaupt anwendbar sein. Dies ist aus vier Gründen fraglich. Erstens könnte
Art. 73 Abs. 1 Nr. 3 GG den Rückgriff auf die Generalermächti-
gung verhindern (dazu a)), zweitens könnte die Existenz der Standardmaßnahme der Vorladung entgegenstehen (dazu b)), drittens
könnte eine speziellere Rechtsgrundlage als die Generalklausel

wegen der Typik der Maßnahme (dazu c)) und viertens wegen ihrer Eingriffsintensität (dazu d)) erforderlich sein.[86]

Klausurhinweis: Bei den folgenden Ausführungen unter a) handelt es sich um ein klassisches Problem aus dem POR, wenn Maßnahmen in Rede stehen, die in Art. 11 Abs. 1 GG eingreifen. Man sollte es daher auch dann ansprechen, wenn es – wie hier – nicht explizit im Sachverhalt angesprochen wird.

---

a) Die Generalklausel könnte deshalb nicht die in Rede stehende freizügigkeitsbeschränkende Meldeauflage zu stützen in der Lage sein, weil dem Bund und nicht den Ländern die ausschließliche Gesetzgebungskompetenz für die Freizügigkeit zugewiesen ist, Art. 73 Abs. 1 Nr. 3 Var. 1 GG.

Der kompetenzrechtliche Begriff in Art. 73 GG ist jedoch enger als derjenige der grundrechtlichen Gewährleistung in Art. 11 Abs. 1 GG. Dass auch die Länder das Grundrecht auf Freizügigkeit beschränken können, ist daher allgemein anerkannt. Für diese Ansicht spricht insbesondere der sog. Kriminalvorbehalt in Art. 11 Abs. 2 Var. 5 GG. Danach kann die Freizügigkeit eingeschränkt werden, um strafbaren Handlungen vorzubeugen. Damit wird eine klassische Aufgabe der Länder in Bezug genommen. Diese müssen dann freilich auch entsprechende freizügigkeitsbeschränkende Regelungen erlassen dürfen.

Ergänzender Hinweis: Meldeauflagen unterfallen im Übrigen auch nicht dem Pass- und Ausweiswesen, Art. 73 Abs. 1 Nr. 3 Var. 2, 3 GG. Der Bund hat von dieser Zuständigkeit durch das Pass- und das Personalausweisgesetz Gebrauch gemacht.

---

b) An der Heranziehbarkeit der Generalklausel könnten hier deshalb Zweifel bestehen, weil die Standardmaßnahme der Vorladung ausdrücklich geregelt ist, § 24 Nr. 2 nwOBG i.V.m. § 10 Abs. 1 Nr. 1 nwPolG. Denn die Standardmaßnahmen entfalten in ihrem Anwendungsbereich eine Sperrwirkung, vgl. § 8 Abs. 1 Hs. 2 nwPolG. Fraglich ist jedoch, ob hier eine solche Sperrwirkung besteht.

---

[86] Instruktiv zur Frage der Anwendbarkeit der Generalklausel *Möstl*, Jura 2011, 840 (842 ff.).

Die in Rede stehende Maßnahme gibt dem K auf, sich über einen Zeitraum von acht Tagen jeden Tag bei einer Polizeidienststelle zu melden. Darin wird man eine andere Maßnahme erblicken können als die ausdrücklich geregelte Vorladung (a.A. vertretbar), da die verfügte Meldeauflage als eigenständige Maßnahme des POR anzusehen ist.

M. a. W. ist die Meldeauflage keine rechtswidrige Vorladung so wie ein Aufenthaltsverbot auch kein rechtswidriger Platzverweis ist. Sie ist vielmehr nach eigenen Regeln zu beurteilen. Für diese Annahme spricht auch, dass mit der Meldeauflage in Art. 11 Abs. 1 GG und nicht nur – wie es bei der Vorladung der Fall ist – in Art. 2 Abs. 1 GG eingegriffen wird.[87]

c) Der Befugnistyp der Generalklausel könnte hier ferner aus verfassungsrechtlichen Gründen gar nicht mehr anwendbar sein. Nach einer t.v.A. müssen alle typischen Maßnahmen auf eine Standardmaßnahme gestützt werden, weil die Wesentlichkeitstheorie dies verlange.[88] Das Bundesverwaltungsgericht hat dieser Ansicht indes eine Absage erteilt,[89] sodass hier dahinstehen kann, ob die Meldeauflage eine typische Maßnahme ist.

d) Zuletzt steht auch die Eingriffsintensität der Maßnahme einem Rückgriff auf die Generalklausel nicht entgegen. Weder der Eingriff in Art. 11 Abs. 1 GG noch der Eingriff in Art. 8 Abs. 1 GG[90] hindert das Heranziehen der Generalklausel (a.A. gut vertretbar, insbesondere wenn man die Meldeauflage als typische Maßnahme qualifiziert). Eine spezielle Ermächtigungsgrundlage ist nur bei gezielten Eingriffen in den Kernbereich von Art. 8 Abs. 1 GG erforderlich.[91]

---

[87] *Schucht*, NVwZ 2011, 709 (711 ff.).
[88] *Butzer*, VerwArch 93 (2002), 506 (522 f.).
[89] BVerwG, NVwZ 2007, 1439 (1441).
[90] Dazu, dass der Schutzbereich des Art. 8 Abs. 1 GG auch dann die Anreise zu einer Versammlung erfasst, wenn ein Deutscher das Staatsgebiet der Bundesrepublik Deutschland verlassen will, um an einer Versammlung im Ausland teilzunehmen, BVerwG, NVwZ 2007, 1439 (1441).
[91] BVerwG, NVwZ 2007, 1439 (1441).

2. Gefahr für die öffentliche Sicherheit oder Ordnung

Zu prüfen ist, ob die tatbestandlichen Voraussetzungen der Generalklausel vorliegen. Dafür müsste zunächst eine Gefahr für ein polizeiliches Schutzgut vorliegen.

Hier könnte eine Gefahr für die öffentliche Sicherheit bestehen. Dabei ist zunächst zu prüfen, ob ein Schutzgut betroffen war (dazu a)) und anschließend, ob es gefährdet war (dazu b)).

a) Unter der *öffentlichen Sicherheit* versteht man die Unversehrtheit der Rechtsordnung, der subjektiven Rechte und Rechtsgüter und des Bestands, der Einrichtungen und Veranstaltungen des Staates oder sonstiger Träger hoheitlicher Gewalt.

Vorliegend könnte das Teilschutzgut der *Rechtsordnung* betroffen sein. Zur Rechtsordnung gehören auch Straf- und Ordnungswidrigkeitentatbestände.

K beabsichtigt, während des Gipfeltreffens an den Ort der Verhandlungen zu reisen. Aufgrund der in der Vergangenheit begangenen Straftaten liegt es nahe, dass sich K auch in Italien an gewalttätigen Auseinandersetzungen und Sachbeschädigungen beteiligen wird. Diese Straftaten sind ggf. gemäß § 7 Abs. 2 Nr. 1 StGB (sog. aktives Personalitätsprinzip) strafbar.

b) Fraglich ist, ob die öffentliche Sicherheit auch *in Gefahr* war. Eine Gefahr ist eine Sachlage, in der bei ungehindertem Ablauf des objektiv zu erwartenden Geschehens in absehbarer Zeit mit hinreichender Wahrscheinlichkeit *ein Schaden* für ein Schutzgut eintreten wird.

Hier lagen zahlreiche Anhaltspunkte dafür vor, dass sich K nicht allein zu friedlichen Zwecken über den Brenner begeben wollte. Denn K ist immer noch ein aktives Mitglied der linksextremistischen Szene von K, das sich zudem noch in der jüngsten Vergangenheit als gewalttätig gezeigt hat. Seine Aussage, wonach er sich an keinen gewalttätigen Auseinandersetzungen mehr beteiligen wolle, dürfte hier als bloße Schutzbehauptung zu werten sein.

Zum Zeitpunkt des Erlasses der Meldeauflage bestand mithin die hinreichende Wahrscheinlichkeit, dass K Rechtsnormen brechen wird.

3. Pflichtigkeit

K ist Verhaltensstörer gemäß § 17 Abs. 1 nwOBG[92], sodass er tauglicher Adressat der ordnungsbehördlichen Maßnahme sein kann.

4. Ermessen

Fraglich ist, ob die Ordnungsbehörde ihr Ermessen pflichtgemäß ausgeübt hat. Denn nach § 14 Abs. 1 nwOBG können die Ordnungsbehörden die notwendigen Maßnahmen treffen. Sie müssen also keine Maßnahmen ergreifen, wenn die tatbestandlichen Voraussetzungen vorliegen. Die Ordnungsbehörden treffen ihre Maßnahmen also nach pflichtgemäßem Ermessen, § 16 nwOBG.

Ob die Ordnungsbehörde ermessensfehlerfrei gehandelt hat, bestimmt sich am Maßstab des § 40 nwVwVfG. Danach hat eine Behörde, der Ermessen eingeräumt ist, ihr Ermessen entsprechend dem Zweck der Ermächtigung auszuüben und die gesetzlichen Grenzen des Ermessens einzuhalten.

Ermessensfehler sind hier jedoch nicht ersichtlich, insbesondere ist die Maßnahme auch mit dem Grundsatz der Verhältnismäßigkeit gemäß § 15 nwOBG in Einklang zu bringen.[93] Denn die Meldeauflage dient einem verfassungslegitimen Zweck, indem sie Straf-taten verhindert. Sie ist i.S.d. § 15 Abs. 1 nwOBG geeignet, den K von der Begehung von Straftaten im Ausland abzuhalten, indem sie seine Anwesenheit am Wohnort sicherstellt. Ein gleich geeignetes, aber milderes Mittel ist nicht ersichtlich, sodass die Maßnahme auch erforderlich gemäß § 15 Abs. 1 nwOBG war. Angesichts der drohenden Schäden ist die Maßnahme auch angemessen, § 15 Abs. 2 nwOBG, zumal die Dauer der Maßnahme auf die Dauer des Gipfeltreffens abgestimmt ist.

5. (Zwischen-)Ergebnis

Somit ist die polizeiliche Maßnahme materiell rechtmäßig.

---

[92] § 6 bwPolG; Art. 9 bayLStVG; § 13 berlASOG; § 16 bbgOBG; § 13 berlASOG; § 5 bremPolG; § 6 bwPolG; § 8 hambSOG; § 6 hessSOG; § 69 mvSOG; § 6 ndsSOG; § 4 rpPOG; § 4 saarlPolG; § 4 sächsPolG; § 7 saSOG; § 218 shLVwG; § 10 thürOBG.

[93] Vgl. zur Verhältnismäßigkeit im Polizeirecht *Poscher/Rusteberg*, JuS 2011, 1082 (1085 f.).

IV. Ergebnis

Die polizeiliche Maßnahme ist im Ergebnis rechtmäßig. Dem K ist daher nicht zu empfehlen, Rechtsmittel gegen die Maßnahme einzulegen. Aufgrund der Anordnung der sofortigen Vollziehung gemäß § 80 Abs. 2 Satz 1 Nr. 4, Abs. 3 VwGO wäre hier von vornherein nur das Betreiben eines einstweiligen Rechtsschutzverfahrens in Betracht gekommen, da Widerspruch bzw. Anfechtungsklage keinen Suspensiveffekt gemäß § 80 Abs. 1 VwGO nach sich gezogen hätten. Ein verwaltungsgerichtlicher Antrag auf Wiederherstellung der aufschiebenden Wirkung gemäß § 80 Abs. 5 Satz 1 Alt. 2 VwGO, der hier mit Blick auf § 123 Abs. 5 VwGO zu stellen wäre, weil in der Hauptsache eine Anfechtungsklage die statthafte Klageart wäre, wäre unbegründet.

Fall 7: *Parkplatznot in der Innenstadt*

▸ **Standort:** Abschleppen von Kraftfahrzeugen; Anwendungsfelder der Sicherstellung; Erforderlichkeit und Angemessenheit

Sven Sorglos (S) hat eine Wohnung in der Innenstadt der bayerischen Gemeinde N. Als er eines Tages kurz vor Mitternacht mit seinem Auto von der Arbeit nach Hause kommt, muss er feststellen, dass sein Anwohnerparkplatz zugeparkt ist.

Da S einen anstrengenden Tag hinter sich hat, entschließt er sich spontan, sein Auto auf einem freien Parkplatz in der Nähe abzustellen. Der „Parkplatz" befindet sich in einer Feuerwehrzufahrt. S hat das amtliche Schild jedoch gar nicht zur Kenntnis genommen.

Als S am nächsten Morgen das Haus verlässt, muss er feststellen, dass sein Auto nicht mehr dort steht, wo er es am Abend zuvor abgestellt hat. Er erkundigt sich sofort bei der nächsten Polizeidienststelle, wo er die Auskunft erhält, dass sein Auto am Abend zuvor von den Polizeibeamten P und V auf die Polizeidienststelle verbracht wurde, nachdem die beiden Polizisten zuvor erfolglos nach einem freien Parkplatz in der Nähe Ausschau gehalten hatten.

S ruft daraufhin seinen Bruder B an, der Jurastudent ist und kurz vor dem Examen steht, und fragt ihn, ob das Abschleppen rechtmäßig war. Was wird B dem S antworten?

Zusatzfragen:
1) Wie ist die Rechtslage, wenn sich in Sichtweite der Feuerwehreinfahrt ein freier Parkplatz befunden hätte?
2) Wie ist schließlich die Rechtslage, wenn S auf dem Bürgersteig geparkt hat und Fußgänger dadurch um seinen Wagen herumgehen müssen, ohne jedoch den Bürgersteig verlassen zu müssen? Fußgänger mit Kinderwagen und Rollstuhlfahrer kommen ebenfalls am Kfz des S vorbei.

Bearbeitervermerk:
Der Fall ist nach dem Landesrecht von Bayern zu lösen.

Auszug aus der Straßenverkehrs-Ordnung – StVO –

§ 12 Halten und Parken

(1) Das Halten ist unzulässig

(...)

Nr. 5 vor und in amtlich gekennzeichneten Feuerwehrzufahrten.

(2) Wer sein Fahrzeug verlässt oder länger als drei Minuten hält, der parkt.

(...)

(4) [1]Zum Parken ist der rechte Seitenstreifen, dazu gehören auch entlang der Fahrbahn angelegte Parkstreifen, zu benutzen, wenn er dazu ausreichend befestigt ist, sonst ist an den rechten Fahrbahnrand heranzufahren.

§ 44 Sachliche Zuständigkeit

(...)

(2) (...) [2]Bei Gefahr im Verzuge kann zur Aufrechterhaltung der Sicherheit oder Ordnung des Straßenverkehrs die Polizei an Stelle der an sich zuständigen Behörden tätig werden und vorläufige Maßnahmen treffen; sie bestimmt dann die Mittel zur Sicherung und Lenkung des Verkehrs.

§ 49 Ordnungswidrigkeiten

(1) Ordnungswidrig im Sinne des § 24 des Straßenverkehrsgesetzes handelt, wer vorsätzlich oder fahrlässig gegen eine Vorschrift über

(...)

12. das Halten oder Parken nach § 12 Absatz 1 (...)

verstößt.

Vorüberlegung: Die sog. *Abschleppfälle* spielen in Klausuren eine herausragende (!) Rolle. Die Bedeutung dieser Fälle für die universitäre Ausbildung kann gar nicht hoch genug veranschlagt werden, sodass Sie hier keinesfalls „auf Lücke setzen" dürfen. Im Gegenteil sollten Sie mit den Spielarten dieser typischen Klausursituation bestens vertraut sein, was beinhaltet, dass Sie sich auch über ggf. neue Entwicklungen in der Rechtsprechung auf dem Laufenden halten sollten!

A. Hauptfall

I. Befugnisnorm

1. § 44 Abs. 2 Satz 2 StVO
2. Sicherstellung, Art. 25 Nr. 1 bayPAG
3. (Zwischen-)Ergebnis

II. Formelle Rechtmäßigkeit

1. Zuständigkeit
2. Verfahren
3. Form
4. (Zwischen-)Ergebnis

III. Materielle Rechtmäßigkeit

1. Gegenwärtige Gefahr für die öffentliche Sicherheit oder Ordnung
2. Pflichtigkeit
3. Ermessen

4. (Zwischen-)Ergebnis
IV. Ergebnis

B. Zusatzfragen
I. Zusatzfrage 1)
II. Zusatzfrage 2)

A. Hauptfall

Zu prüfen ist, ob die polizeiliche Maßnahme rechtmäßig ist. Die Maßnahme ist rechtmäßig, wenn sie auf eine Befugnisnorm gestützt werden kann (dazu I.), formell (dazu II.) und materiell (dazu III.) rechtmäßig ist.

I. Befugnisnorm

Die Maßnahme müsste auf eine taugliche Befugnisnorm gestützt werden. Hier kommen als Befugnisnormen § 44 Abs. 2 Satz 2 StVO (dazu 1.) und Art. 25 Nr. 1 bayPAG (dazu 2.) in Betracht.

1. § 44 Abs. 2 Satz 2 StVO

Die Maßnahme könnte auf § 44 Abs. 2 Satz 2 StVO gestützt werden. Nach dieser Rechtsgrundlage kann die Polizei bei Gefahr im Verzuge vorläufige Maßnahmen zur Aufrechterhaltung der Sicherheit oder Ordnung treffen.

Die in Rede stehende Maßnahme müsste also eine *vorläufige* Maßnahme sein. Dies wird man verneinen müssen. Da das Abschleppen vielmehr eine *endgültige* Maßnahme ist, die keine weitere Maßnahme der Straßenverkehrsbehörde zulässt, muss diese Rechtsgrundlage hier ausscheiden.

2. Sicherstellung, Art. 25 Nr. 1 bayPAG[94]

Es könnte eine Sicherstellung gemäß Art. 25 Nr. 1 bayPAG in Betracht kommen. Diese Norm ermächtigt die Polizei, eine Sache sicherzustellen, „um eine gegenwärtige Gefahr abzuwehren".

---

[94] § 33 bwPolG; § 38 berlASOG; § 25 bbgPOLG; § 23 bremPolG; § 14 hambSOG; § 40 hessSOG; § 61 mvSOG; § 26 ndsSOG; § 43 nwPolG; § 22 rpPOG; § 21 saarlPolG; § 27 sächsPolG; § 45 saSOG; § 210 shLVwG; § 27 thürPAG.

Fraglich ist, ob die polizeiliche Maßnahme als Sicherstellung im Sinne des POR qualifiziert werden kann.

Unter dem Rechtsbegriff der *Sicherstellung* versteht man die *Beendigung des Gewahrsams* des Eigentümers oder sonstigen Berechtigten einer Sache unter Begründung neuen Gewahrsams durch die Polizei oder die von ihr beauftragten Personen zum Zwecke der Gefahrenabwehr. Die Befugnis zur Sicherstellung ist Handlungsbefugnis, aber auch Befugnis zur Anordnung, die fragliche Sache herauszugeben.

Die Sicherstellung dient dazu, von der sichergestellten Sache eine Gefahr abzuwenden, die dieser droht, oder eine Gefahr zu verhindern, die von der Sache ausgeht.

> **Klausurhinweis:** Fangen Sie bei Abschleppfällen innerhalb der Befugnisnormen aus dem POR gedanklich mit der Befugnisnorm der *Sicherstellung* an. Wenn diese nicht einschlägig ist, sind in einem zweiten Schritt die übrigen Rechtsgrundlagen zu prüfen. Siehe dazu ausführlich die Abwandlung, S. 91 ff.

Hier wurde das Kfz des S auf die Polizeidienststelle gebracht. Ob dies für eine Sicherstellung ausreicht, ist in der Literatur umstritten:

Nach **einer Ansicht** soll der Transport zur Polizeidienststelle bzw. zum Betriebs- oder Abschlepphof des privaten Abschleppunternehmers nicht als Sicherstellung i.S.d. POR qualifiziert werden können. Denn es fehle in diesem Fall an der Begründung einer alleinigen hoheitlichen Sachherrschaft. Diese sei aber für eine Sicherstellung unerlässlich. Vielmehr dürfte Mitgewahrsam begründet werden.[95]

Nach **anderer Ansicht** liegt beim Verbringen auf die Polizeidienststelle eine Sicherstellung vor. Die Voraussetzungen der Sicherstellung lägen nämlich vor: der Gewahrsam des Betroffenen wird aufgehoben und neuer Gewahrsam durch die Behörde wird begründet.[96]

Da dieser Streit entscheidungserheblich ist, muss er hier entschieden werden. Die besseren Gründe sprechen für die zuletzt genannte Ansicht. Denn der Sachverhalt kann in der Tat unter die Definition der Sicherstellung subsumiert werden.

---

[95] So *Schenke*, POR, 7. Aufl. 2011, Rn. 164, 715.

[96] *Heckmann*, bayPSR, in: Becker/Heckmann/Kempen/Manssen, Öffentliches Recht in Bayern, 5. Aufl. 2011, 3. Teil, Rn. 549.

Dann bedarf es jedoch keiner anderen rechtlichen Konstruktion. Im Gegenteil: Sie ist durch die entsprechende Standardmaßnahme sogar gesperrt.

Klausurhinweise:

1) Denken Sie bei Abschleppfällen auch klausurtaktisch. Wenn Sie sich in dieser Frage etwa *Schenke* anschließen, landen Sie unter Umständen bei einer Konstruktion, wonach sich an die Durchsetzung eines Wegfahrgebots im Wege der Ersatzvornahme eine zweite Maßnahme anschließt, das ist eine unmittelbare Ausführung oder ein Sofortvollzug (für den Transport). Wenn Ihnen diese Lösung zu umständlich ist, bleiben Sie bei der „sicheren" und zugleich dogmatisch sauberen Lösung über die Sicherstellung. Andere Lösungswege sind natürlich – bei entsprechender Begründung – ebenso gut vertretbar. Letztlich hängen viele Kontroversen in diesem Zusammenhang an unterschiedlichen Sicherstellungsbegriffen, die sich am Merkmal der *Begründung neuer tatsächlicher Gewalt* festmachen lassen.[97]

2) Wenn Sie in dieser Konstellation eine Sicherstellung bejahen, kommt es nicht darauf an, ob ein Verstoß gegen straßenverkehrsrechtliche Vorschriften vorliegt oder ob ein Verkehrsschild missachtet wurde. Diese Fragen spielen im Rahmen der Ermittlung der Rechtsgrundlage für das Abschleppen immer nur dann eine Rolle, wenn Sie eine Sicherstellung ablehnen. Siehe dazu die Abwandlung, S. 91 ff.

3) Einigkeit besteht in der Literatur dahingehend, dass eine Sicherstellung immer dann vorliegt, wenn der Zustand des Autos verkehrsgefährdend ist oder wenn es gegen fremden Zugriff in die polizeiliche Obhut genommen wird. Der zuletzt genannte Fall ist in den Polizeigesetzen ausdrücklich geregelt, vgl. z.B. Art. 25 Nr. 2 bayPAG, § 43 Nr. 2 nwPolG.[98] In dem anderen Fall verfolgt die Polizei das Ziel, den Berechtigten von der Sachherrschaft auszuschließen, sodass nach allen Auffassungen eine Sicherstellung bzw. Beschlagnahme (in *Baden-Württemberg* und *Sachsen*) vorliegt.

---

[97] Lesenswert *Pieroth/Schlink/Kniesel*, POR, 7. Aufl. 2012, § 19, Rn. 1-4.
[98] In Baden-Württemberg (§ 32 Abs. 1 bwPolG) und Sachsen (§ 26 Abs. 1 sächsPolG) ist hier die Sicherstellung die taugliche Befugnisnorm.

4) In *Hamburg* ist in § 14 Abs. 1 Satz 2 hambSOG ausdrücklich geregelt, dass das Abschleppen als Sicherstellung i.S.d. § 14 hambSOG zu qualifizieren ist, wenn keine Umsetzung vorliegt. Das Verbringen auf die Polizeidienststelle oder den Abschlepphof ist in Hamburg also de lege lata stets eine Sicherstellung, sodass es auf etwaige Meinungsstreitigkeiten in Bezug auf die Definition einer Sicherstellung dort nicht mehr ankommt.

3. (Zwischen-)Ergebnis

Somit ist die Sicherstellung gemäß Art. 25 Nr. 1 bayPAG hier Rechtsgrundlage für die Maßnahme der Polizei.

II. Formelle Rechtmäßigkeit

Die Maßnahme müsste formell rechtmäßig sein. Es müssten folglich die Bestimmungen über Zuständigkeit (dazu 1.), Verfahren (dazu 2.) und Form (dazu 3.) eingehalten sein.

1. Zuständigkeit

Die beiden Polizeibeamten P und V müssten für die Maßnahme sachlich und örtlich zuständig sein.

a) P und V müssten *sachlich zuständig* sein. Dies richtet sich nach Art. 2 Abs. 1. i.V.m. Art. 3 PAG. Weil die Polizisten P und V hier zum Zwecke der Gefahrenabwehr gemäß Art. 2 Abs. 1 bayPAG tätig geworden sind, sind sie nur unter der Voraussetzung des Art. 3 bayPAG sachlich zuständig.

Klausurhinweis: Sie müssen nicht unbedingt prüfen, ob eine polizeiliche Aufgabe nach Art. 2 bayPAG eröffnet ist. Sie können auch auf die Befugnisnorm abstellen, also hier Art. 25 Nr. 1 bayPAG, da zwar nicht der Schluss von der Aufgabe auf die Befugnis, aber der Schluss von der Befugnis auf die Aufgabe zulässig ist.[99]

Danach wird die Polizei nur tätig, „soweit ihr die Abwehr der Gefahr durch eine andere Behörde nicht oder nicht rechtzeitig möglich erscheint."

---

[99] Vgl. *Becker/Heckmann/Kempen/Manssen*, Klausurenbuch Öffentliches Recht in Bayern, 2. Aufl. 2008, S. 122, 125.

Zu prüfen ist insbesondere, ob anstelle der Polizei nicht eine Sicherheitsbehörde (= Ordnungsbehörde) gemäß Art. 6 bayLStVG hätte handeln können. Dies wäre dann der Fall, wenn die Maßnahme der Polizei *aufschiebbar* gewesen wäre. Unaufschiebbarkeit liegt vor, wenn das Einschreiten der Polizei nicht ohne Schaden für die öffentliche Sicherheit oder Ordnung zurückgestellt werden kann.

Klausurhinweis: Denken Sie daran, solche Begriffe zu definieren, auch wenn für Sie – wie bei diesem Begriff – klar ist, was damit inhaltlich gemeint ist!

Das Auto wurde hier „kurz vor Mitternacht" abgestellt. Um diese Zeit ist bei einer Sicherheitsbehörde für gewöhnlich niemand mehr erreichbar, sodass aus Sicht von P und V ein rechtzeitiges und erfolgreiches Tätigwerden der Sicherheitsbehörde ausschied. Folglich waren P und V sachlich zuständig.

Klausurhinweis: Arbeiten Sie stets mit dem Sachverhalt! Wenn er so kurz wie hier ist, sollten Sie davon ausgehen, dass jede Information ihre Bedeutung hat. Hier stellte A seinen Wagen „kurz vor Mitternacht" ab. Diese Angabe können Sie hier problemlos „verwerten". Dazu, dass diese Information noch eine weitere Bedeutung für die Lösung des Falles hat, an späterer Stelle.

---

b) P und V müssten auch *örtlich zuständig* sein. Die örtliche Zuständigkeit folgt hier aus § 3 Abs. 1 bayPOG; denn danach ist jeder im Vollzugsdienst tätige Beamte im gesamten Staatsgebiet des Freistaates Bayern zuständig.

Klausurhinweis: Ob Sie Ausführungen zur örtlichen Zuständigkeit machen, bleibt Ihnen überlassen. Wer eine vollständige Lösung anstrebt, sollte kurz auf Art. 3 Abs. 1 bayPOG eingehen und sein Wissen zeigen. Damit verhindert man im Übrigen zugleich, dass ein Korrektor fehlende Ausführungen hierzu moniert.

---

2. Verfahren

Dafür, dass P und V gegen eine Verfahrensvorschrift verstoßen haben, ist nichts ersichtlich.

3. Form

Verstöße gegen Formvorschriften sind ebenfalls nicht ersichtlich.

4. (Zwischen-)Ergebnis

Somit ist die Maßnahme formell rechtmäßig.

III. Materielle Rechtmäßigkeit

Zu prüfen ist des Weiteren, ob die Maßnahme auch materiell rechtmäßig ist. Die Maßnahme ist materiell rechtmäßig, wenn die tatbestandlichen Voraussetzungen der Rechtsgrundlage vorliegen (dazu 1. und 2.) und das Ermessen pflichtgemäß ausgeübt wurde (dazu 3.).

1. Gegenwärtige Gefahr für die öffentliche Sicherheit oder Ordnung

Es müsste hier dem Wortlaut nach eine *gegenwärtige Gefahr* vorgelegen haben. Der Tatbestand ist daher um das Schutzgut zu ergänzen: die gegenwärtige Gefahr müsste für die öffentliche Sicherheit oder Ordnung bestehen. Denn Art. 25 Nr. 1 bayPAG nimmt Bezug auf die konkrete Gefahr i.S.d. Art. 11 bayPAG.

Zu prüfen ist daher zunächst, welches Schutzgut hier in Gefahr geraten sein könnte (dazu a)), bevor das Vorliegen einer gegenwärtigen Gefahr zu untersuchen ist (dazu b)).

a) Es könnte hier eine *Gefahr für die öffentliche Sicherheit* vorliegen. Öffentliche Sicherheit ist die Unverletzlichkeit der objektiven Rechtsordnung, der subjektiven Rechte und Rechtsgüter des Einzelnen sowie der Einrichtungen und Veranstaltungen des Staates und der sonstigen Träger der Hoheitsgewalt.

Die öffentliche Sicherheit könnte hier unter dem Aspekt der objektiven Rechtsordnung betroffen sein. Denn S könnte gegen eine Rechtsnorm aus der Straßenverkehrs-Ordnung verstoßen haben.

S hat sein Auto hier in einer Feuerwehrzufahrt abgestellt. Da er sein Auto verlassen hat, hat er dort sogar geparkt, § 12 Abs. 2 StVO. Schon das Halten in einer amtlich gekennzeichneten Feuerwehrzufahrt ist indes unzulässig, § 12 Abs. 1 Nr. 5 StVO.

84

Somit liegt ein Verstoß gegen § 12 Abs. 1 StVO vor, der zugleich eine Ordnungswidrigkeit darstellt, § 24 StVG, § 49 Abs. 1 Nr. 12 StVO. Das Schutzgut der öffentlichen Sicherheit ist somit hier betroffen.

b) Es müsste zudem eine Gefahr bestehen, die gegenwärtig ist.

Eine *Gefahr* liegt vor, wenn bei ungehindertem, objektiv zu erwartendem Geschehensablauf in absehbarer Zeit mit hinreichender Wahrscheinlichkeit ein Schaden eintreten kann. Ein *Schaden* liegt vor, wenn es zu einer objektiven Minderung des vorhandenen Bestandes an geschützten Gütern kommt.

Eine *gegenwärtige* Gefahr meint eine Sachlage, bei der das schädigende Ereignis bereits begonnen hat oder unmittelbar mit an Sicherheit grenzender Wahrscheinlichkeit bevorsteht.

S hat gegen das in § 12 Abs. 1 Nr. 5 StVO statuierte Halteverbot verstoßen. Es liegt somit sogar schon eine Störung der *öffentlichen Sicherheit* vor. Eine Störung ist ohne Weiteres bzw. erst recht eine Gefahr i.S.d. POR. Sie kann somit grundsätzlich mit den Mitteln des POR beseitigt oder unterbunden werden, es sei denn, dass eine Wiederherstellung des polizei- bzw. ordnungsrechtskonformen Zustands nicht möglich ist. In diesem Falle kann nur noch mit repressiven Maßnahmen reagiert werden.

So liegt der Fall hier indes nicht. Das Abschleppen des Autos des S führt dazu, dass die Störung der öffentlichen Sicherheit beseitigt wird.

2. Pflichtigkeit

S ist auch Verhaltens- und Zustandsstörer i.S.d. POR, Artt. 7 Abs. 1, 8 Abs. 1, 2 bayPAG[100]. Er ist also Doppelstörer. Dass er gar nicht bemerkt hat, in einer Feuerwehrzufahrt geparkt zu haben, spielt – abgesehen davon, dass hier Fahrlässigkeit vorliegen könnte – für das verschuldensunabhängige Polizeirecht keine Rolle.

---

[100] §§ 6 f. bwPolG; §§ 13 f. bremPolG; §§ 5 f. bbgPolG; §§ 8 f. hambSOG; §§ 6 f. hessSOG; §§ 69 f. mvSOG; §§ 6 f. ndsSOG; §§ 4 f. nwPolG; §§ 4 f. rpPOG; §§ 4 f. saarlPolG; §§ 4 f. sächsPolG; §§ 7 f. saSOG; §§ 218 f. shLVwG; §§ 7 f. thürPAG.

Klausurhinweis: Verarbeiten Sie die Sachverhaltsinformationen. Wenn im Sachverhalt steht, dass S das Schild gar nicht zur Kenntnis genommen hat, dann müssen Sie davon ausgehen, dass dieser Umstand in der Musterlösung auftaucht. Die mitunter schwierige Aufgabe besteht stets darin, den richtigen Standort zu finden, an dem die Information „lege artis" subsumiert werden soll. Vorliegend sollte dies keine Schwierigkeiten bereiten.

3. Ermessen

Die Polizisten müssten ihr Ermessen pflichtgemäß, d.h. in den Grenzen des § 40 bayVwVfG ausgeübt haben. Denn nach Art. 25 bayPAG „kann" die Polizei eine Sache sicherstellen; sie muss es also nicht, selbst wenn die tatbestandlichen Voraussetzungen vorliegen.

Klausurhinweis: Begründen Sie kurz (!), warum Sie der Ansicht sind, dass die Polizei Ermessen hat, auch wenn Ihnen dies „banal" zu sein scheint. Vergessen Sie nicht, dass Sie ein Rechtsgutachten schreiben!

Danach muss eine Behörde, die ermächtigt ist, nach ihrem Ermessen zu handeln, ihr Ermessen entsprechend dem Zweck der Ermächtigung ausüben und die gesetzlichen Grenzen des Ermessens einhalten.

Zu prüfen ist, ob P und V ihr Entschließungs- und Auswahlermessen pflichtgemäß ausgeübt haben.

a) Ein Verstoß gegen das der Polizei eingeräumte *Entschließungsermessen* ist nicht ersichtlich.

b) Fraglich ist, ob auch das *Auswahlermessen* fehlerfrei ausgeübt wurde. Das Auswahlermessen umfasst die Wahl des einzusetzenden Mittels sowie die Auswahl des Pflichtigen. Da hier außer S kein weiterer potentieller Adressat einer Sicherstellung in Betracht kam, sind insoweit keine Ermessensfehler ersichtlich.

Die Auswahl der Maßnahme „Sicherstellung" könnte jedoch ermessensfehlerhaft sein. Ein Ermessensfehler liegt vor, wenn die Behörde ihr Ermessen gar nicht ausübt (Ermessensnichtgebrauch), es nicht dem Zweck der Ermächtigung entsprechend ausübt (Ermessensfehlgebrauch) oder die gesetzlichen Grenzen des Ermessens missachtet (Ermessensüberschreitung).

> **Klausurhinweis:** Gehen Sie kurz auf die einzelnen Ermessens-
> fehler ein, bevor Sie dann im Einzelnen prüfen, welchen Fehler die
> Behörde in concreto begangen haben könnte.

aa) Vorliegend kommt nur eine *Ermessensüberschreitung* in Betracht. Eine Ermessensüberschreitung liegt insbesondere dann
vor, wenn gegen den Grundsatz der Verhältnismäßigkeit gemäß
Art. 4 bayPAG verstoßen wird.

> **Klausurhinweis:** Ob Sie die Verhältnismäßigkeit wie hier und mit
> z.b. *Schoch* im Rahmen der Ermessensüberschreitung prüfen,[101]
> sie wie z.b. *Maurer* als eigene vierte Fallgruppe ansehen[102] oder
> sie im Rahmen des Ermessensfehlgebrauchs prüfen, bleibt Ihnen
> überlassen. Sie müssen die Verhältnismäßigkeit nur prüfen!

Zu prüfen ist daher, ob die Verbringung auf die Polizeidienststelle
verhältnismäßig i.S.d. Art. 4 bayPAG war. Dazu müsste die Maßnahme einem verfassungs- und gesetzeskonformen Zweck ge-
dient haben. Zudem müsste sie geeignet, erforderlich und angemessen gewesen sein.

(1) Da die beiden Polizeibeamten zum Zwecke der Gefahrenabwehr gehandelt haben, indem sie eine Störung der öffentlichen Sicherheit beseitigen wollten, haben Sie einen *von der Verfassung
anerkannten Zweck* verfolgt.

> **Klausurhinweis:** Denken Sie im Rahmen der Prüfung der Verhält-
> nismäßigkeit stets daran, den Zweck zu benennen, der verfolgt
> wird. Denn wenn Sie darauf nicht eingehen, können Sie auf der
> Stufe der Angemessenheit schlechterdings nicht prüfen, ob der
> Eingriff außer Verhältnis zum angestrebten Zweck steht!

(2) Die Maßnahme war auch *geeignet* i.S.d. Art. 4 Abs. 1 bayPAG.
Denn eine Maßnahme ist geeignet, wenn sie zur Gefahrenabwehr
zwecktauglich ist. Das Abschleppen des Autos von S war zweifellos geeignet, die Störung der öffentlichen Sicherheit zu beseitigen.

---

[101] So auch *Schoch*, POR, in: Schmidt-Aßmann/Schoch, Besonderes
Verwaltungsrecht, 14. Aufl. 2008, 2. Kap., Rn. 104.

[102] *Maurer*, Allgemeines Verwaltungsrecht, 18. Aufl. 2011, § 7, Rn. 23:
Verstoß gegen Grundrechte und allgemeine Verwaltungsgrundsätze.

(3) Fraglich ist, ob die Maßnahme auch *erforderlich* war. Die Polizei hat gemäß Art. 4 Abs. 1 bayPAG von mehreren möglichen und geeigneten Maßnahmen diejenige zu treffen, die den Einzelnen und die Allgemeinheit am wenigsten beeinträchtigt.

Eine weniger beeinträchtigende Maßnahme ist bei Abschleppfällen regelmäßig das bloße Versetzen, das ist das Abschleppen des Kfz an einen Standort in unmittelbarer Nähe des bisherigen Abstellorts. Ein solches Umsetzen war hier indes nicht möglich. P und V haben zuvor erfolglos geprüft, ob die Möglichkeit einer Umsetzung besteht. Den Polizeibeamten war auch nicht der Aufenthaltsort des S bekannt, sodass sie diesen auch nicht zum raschen Wegfahren veranlassen konnten.

Klausurhinweis: Denken Sie bei Abschleppfällen immer an etwaige *mildere Mittel zur Gefahrenabwehr* und diskutieren Sie diese im Rahmen der *Erforderlichkeit!* Wenn es alternative Maßnahmen gibt, prüfen Sie deren Effektivität und vergleichen Sie, ob die durchgeführte Maßnahme effektiver war oder nicht. An diesen Stellen des Gutachtens können Sie viele Pluspunkte sammeln, die sich im Ergebnis überaus positiv niederschlagen werden!

---

(4) Die Maßnahme müsste schließlich *angemessen* sein. Eine Maßnahme darf nicht zu einem Nachteil führen, der zu dem erstrebten Erfolg erkennbar außer Verhältnis steht, Art. 4 Abs. 2 bayPAG. Erforderlich ist also eine Güterabwägung.

Angesichts dessen, dass S seinen Wagen hier in einer amtlich gekennzeichneten Feuerwehrzufahrt abgestellt hat, wird man die Angemessenheit hier bejahen müssen; denn S hat damit die Funktion einer Verkehrseinrichtung beeinträchtigt. Der Zweck, einen solchen Verstoß zu beseitigen, ist bei einer Wertabwägung im Verhältnis zu dem Mittel und dem damit einhergehenden Eingriff in die Rechte des S als angemessen zu bewerten, zumal es sich um eine Feuerwehrzufahrt handelt. Schließlich könnte jederzeit ein Feuer ausbrechen, sodass ein erhebliches öffentliches Interesse daran bestehen muss, den Feuerwehrkräften im Einsatzfall keine unnötigen Hindernisse zu bereiten, die unter Umständen Menschenleben kosten können.

Somit war die Abschleppmaßnahme auch angemessen.

bb) Die Maßnahme war somit verhältnismäßig i.w.S. Eine Ermessensüberschreitung liegt daher nicht vor.

3. (Zwischen-)Ergebnis

Folglich war die Maßnahme auch materiell rechtmäßig.

IV. Ergebnis

Die Maßnahme der beiden Polizisten P und V war im Ergebnis rechtmäßig. B wird seinem Bruder S also eine entsprechende Auskunft geben.

Klausurhinweis: Sie schreiben ein Gutachten, d.h. fassen Sie am Ende die einzelnen Ergebnisse zusammen, die Sie auf den einzelnen Gliederungsebenen gefunden haben. Es ist daher richtig und wichtig, wenn Sie wie hier am Ende feststellen, dass die Maßnahme verhältnismäßig und damit auch ermessensfehlerfrei war, woraus folgt, dass die Maßnahme materiell rechtmäßig und damit im Endergebnis rechtmäßig war.

B. Zusatzfragen

I. Zusatzfrage 1)

In diesem Fall ist fraglich, ob die Maßnahme *erforderlich* i.S.d. Art. 4 Abs. 1 bayPAG war. Denn wenn ein geringfügiges Versetzen in der konkreten Situation möglich ist, dann könnte ein Abschleppen zur Dienststelle als erheblich belastendere Maßnahme für den Betroffenen nicht erforderlich und damit nicht verhältnismäßig i.w.S. sein. Voraussetzung ist freilich, dass das Auto erstens auf einen regulären Parkplatz versetzt werden kann und dieser Parkplatz in Sichtweite für den Fahrzeugführer oder – nach einem Anruf bei der Polizei – leicht auffindbar ist.

Klausurhinweis: Es schadet sicher nicht, wenn Sie an dieser Stelle erwähnen, dass es zwar nicht Aufgabe der Polizei ist, einen Parkplatz in der Nähe zu suchen. Wenn aber ersichtlich ein Parkplatz in der unmittelbaren Umgebung frei ist, dann muss die Polizei dies auch berücksichtigen.

Zu diesem Ergebnis müsste man in der Tat kommen, wenn das bloße Versetzen ebenso effektiv ist wie das Abschleppen zur Dienststelle. Dies wird man bejahen müssen; denn mit dem Versetzen auf einen freien und regulären Parkplatz in der Nähe ist die Störung der öffentlichen Sicherheit durch ein Mittel beseitigt, das gleich wirksam ist wie das Abschleppen zur polizeilichen Dienststelle. Somit wäre die polizeiliche Maßnahme hier rechtswidrig, weil sie gegen den Grundsatz der Verhältnismäßigkeit gemäß Art. 4 bayPAG verstieße und damit ermessensfehlerhaft wäre.

II. Zusatzfrage 2)

Zunächst ist festzuhalten, dass die Störung der öffentlichen Sicherheit in diesem Fall in einem Verstoß gegen § 12 Abs. 4 Satz 1 StVO läge. Dass die Gefahr für die öffentliche Sicherheit hier in einer Missachtung einer straßenverkehrsrechtlichen Vorschrift und nicht eines Verkehrsschildes liegt, hat für die Qualifizierung der Maßnahme als Sicherstellung indes keine Bedeutung.

Anders als im Ausgangsfall könnte die Maßnahme zudem *materiell rechtswidrig* sein, weil sie unangemessen und damit unverhältnismäßig und ermessensfehlerhaft ist. Denn S hätte hier nicht die Funktion einer Verkehrseinrichtung beeinträchtigt, sondern „lediglich" auf dem Gehweg geparkt. Daher könnte man hier verlangen, dass eine konkrete Beeinträchtigung von Fußgängern eingetreten sein muss. Davon ist nicht auszugehen, weil nicht der gesamte Gehweg verstellt war und auch Rollstuhlfahrer und Kinderwagen ohne Weiteres an der „Engstelle" vorbeikamen.

Zudem parkte S hier während der Nacht auf dem Bürgersteig, sodass die besseren Gründe dafür streiten, die Angemessenheit der Maßnahme zu verneinen. Denn der Eingriff in die Rechte des S wird bei dieser Sachlage nicht durch den verfolgten Zweck aufgewogen (a.A. ebenso gut vertretbar, insbesondere wenn man auf die Vorbildwirkung des fehlerhaften Verhaltens und den Gesichtspunkt der Generalprävention abstellt[103]).

---

[103] Siehe aber die Abwandlung, S. 104, Fn. 116.

Klausurhinweis: Die Varianten haben Sie hoffentlich dafür sensibilisiert, wo die „Musik" in den Abschleppfällen spielt. Viele interessante Fragen stellen sich im Rahmen der Prüfung der Verhältnismäßigkeit, v.a. auf den Stufen der Erforderlichkeit und Angemessenheit. Lesen Sie den Sachverhalt daher immer vor dem Hintergrund, ob das Abschleppen wirklich erforderlich und angemessen ist, und argumentieren Sie mit den Sachverhaltsangaben.

Abwandlung zu Fall 7

▸ **Standort:** Abschleppen von Kraftfahrzeugen; Ver- bzw. Umsetzen; Bedeutung von Verkehrsschildern; unmittelbare Ausführung; Abgrenzung von unmittelbarer Ausführung und sofortigem Vollzug; Generalklausel; Erforderlichkeit

Zwei Wochen nach diesem Vorfall findet S schon wieder keinen regulären Parkplatz. Weil er mit der Feuerwehrzufahrt schlechte Erfahrungen gemacht hat, entschließt er sich dieses Mal, vor einer Bordsteinabsenkung in der Nähe des Hauses in der Parkstraße 13 zu parken, an der ein wenig genutzter Fußweg einmündet. Auch wenn es später Nachmittag ist, hofft er, keine Fußgänger zu behindern.

Weil er unbedingt verhindern möchte, sein Kfz erneut im „Autoknast" im Randbezirk der Gemeinde abzuholen, fertigt er noch schnell einen 10x10 cm großen Zettel an, auf dem er das aktuelle Datum schreibt und zudem angibt, dass er sich in seiner Wohnung in der Parkstraße 7 befinde und bei einem Anruf direkt zum Auto eilen werde, um es wegzufahren. Den Zettel, der deutlich lesbar ist, legt er auf den Armaturenträger hinter die Windschutzscheibe.

Die beiden Polizisten P und V sind freilich unbeeindruckt, als sie keine 8 Minuten später das Auto des S entdecken. Sie lesen zwar den Zettel, rufen bei S aber nicht an. Weil sie sehen, dass direkt gegenüber gerade ein regulärer Parkplatz frei wird, veranlassen sie eine Umsetzung des Kfz des S.

Als S am nächsten Morgen seinen Wagen dort vorfindet, schäumt er vor Wut. Er ruft sofort bei B an und bittet ihn um Bestätigung, dass diese polizeiliche Maßnahme evident rechtswidrig sei. Was wird B dieses Mal antworten?

Bearbeitervermerk:
Der Fall ist nach dem Landesrecht von Bayern zu lösen.

Auszug aus der Straßenverkehrs-Ordnung – StVO –

§ 12 Halten und Parken
(...)
(2) Wer sein Fahrzeug verlässt oder länger als drei Minuten hält, der parkt.
(3) Das Parken ist unzulässig
(...)
Nr. 5. vor Bordsteinabsenkungen.
§ 44 Sachliche Zuständigkeit

92

> (...)
> (2) (...) [2]Bei Gefahr im Verzuge kann zur Aufrechterhaltung der Sicherheit oder Ordnung des Straßenverkehrs die Polizei an Stelle der an sich zuständigen Behörden tätig werden und vorläufige Maßnahmen treffen; sie bestimmt dann die Mittel zur Sicherung und Lenkung des Verkehrs.
>
> **§ 49 Ordnungswidrigkeiten**
> (1) Ordnungswidrig im Sinne des § 24 des Straßenverkehrsgesetzes handelt, wer vorsätzlich oder fahrlässig gegen eine Vorschrift über
> (...)
> 12. das Halten oder Parken nach § 12 Absatz 1, 3 (...)
> verstößt."

I. Befugnisnorm
1. § 44 Abs. 2 Satz 2 StVO
2. Sicherstellung, Art. 25 Nr. 1 bayPAG
3. Ersatzvornahme, Artt. 53 Abs. 1, 54 Abs. 1 Nr. 1, 55 bayPAG
4. Unmittelbare Ausführung der Generalklausel, Art. 11 Abs. 1, 2 Satz 1 Nr. 1 Alt. 2 i.V.m. Art. 9 Abs. 1 bayPAG
II. Formelle Rechtmäßigkeit
1. Zuständigkeit
2. Verfahren
3. Form
4. (Zwischen-) Ergebnis
III. Materielle Rechtmäßigkeit
1. Rechtmäßigkeit der fiktiven Grundverfügung
2. Keine Inanspruchnahme der nach Art. 7 oder 8 Verantwortlichen (rechtzeitig) möglich
3. Ermessen
4. (Zwischen-) Ergebnis
IV. Ergebnis

Damit B die Frage des S beantworten kann, muss er *die Rechtmäßigkeit* der neuerlichen Abschleppmaßnahme prüfen.

Das Abschleppen war rechtmäßig, wenn diese Maßnahme auf eine taugliche Rechtsgrundlage gestützt werden kann (dazu I.), sie formell (dazu II.) und materiell (dazu III.) rechtmäßig war.

I. Befugnisnorm

Fraglich ist, auf welche Befugnisnorm die in Rede stehende polizeiliche Maßnahme gestützt werden kann. Es kommen mehrere Rechtsgrundlagen in Betracht: § 44 Abs. 2 Satz 2 StVO (dazu 1), eine Sicherstellung gemäß Art. 25 Nr. 1 bayPAG (dazu 2.), eine Ersatzvornahme gemäß den Artt. 53 Abs. 1, 54 Abs. 1 Nr. 1, 55

bayPAG (dazu 3.) und schließlich eine unmittelbare Ausführung
gemäß Art. 11 Abs. 1, 2 Satz 1 Nr. 1 Alt. 2 i.V.m. Art. 9 Abs. 1 bay-
PAG (dazu 4.).

> **Klausurhinweis:** Denken Sie bei den Abschleppfällen stets an diese *vier*
> *Rechtsgrundlagen*, wenn eine Umsetzung (und nicht das Verbringen zur
> Polizeidienststelle oder zum Abschlepphof) in Rede steht! Hinzu kommt –
> je nach landesrechtlicher Situation – ggf. noch der *sofortige Vollzug*, den
> es dann von der *unmittelbaren Ausführung* abzugrenzen gilt.

1. § 44 Abs. 2 Satz 2 StVO

Die Maßnahme könnte auf § 44 Abs. 2 Satz 2 StVO gestützt werden. Nach dieser Rechtsgrundlage kann die Polizei bei Gefahr im
Verzuge *vorläufige* Maßnahmen zur Aufrechterhaltung der Sicherheit oder Ordnung treffen. Da das Abschleppen auch in Gestalt
der Umsetzung eine *endgültige* Maßnahme ist, muss diese
Rechtsgrundlage jedoch ausscheiden.

2. Sicherstellung, Art. 25 Nr. 1 bayPAG[104]

Es könnte eine Sicherstellung gemäß Art. 25 Nr. 1 bayPAG in Betracht kommen. Danach kann die Polizei eine Sache sicherstellen, um eine gegenwärtige Gefahr abzuwenden.

Unter dem Rechtsbegriff der Sicherstellung versteht man die Beendigung des Gewahrsams des Eigentümers oder sonstigen Berechtigten einer Sache unter Begründung neuen Gewahrsams
durch die Polizei oder die von ihr beauftragten Personen zum
Zwecke der Gefahrenabwehr. Die Befugnis zur Sicherstellung ist
Handlungsbefugnis, aber auch Befugnis zur Anordnung, die fragliche Sache herauszugeben. Die Sicherstellung dient dazu, von
der sichergestellten Sache eine Gefahr abzuwenden, die dieser
droht, oder eine Gefahr zu verhindern, die von der Sache ausgeht.

Hier wurde das Auto des S allerdings nur versetzt. Bei einer bloßen *Umsetzung* liegt indes schon begrifflich keine Sicherstellung
vor; denn die Polizei hat keine tatsächliche Gewalt über die Sache
begründet.

---

[104] § 33 bwPolG; § 38 berlASOG; § 25 bbgPolG; § 23 bremPolG; § 14
hambSOG; § 40 hessSOG; § 61 mvSOG; § 26 ndsSOG; § 43
nwPolG; § 22 rpPOG; § 21 saarlPolG; § 27 sächsPolG; § 45 saSOG;
§ 210 shLVwG; § 27 thürPAG.

Die andere Auffassung, wonach selbst bei einer Versetzung eine Sicherstellung vorliegen soll, muss daher entschieden zurückgewiesen werden; denn wenn die Polizei ihre tatsächliche Gewalt rasch wieder vollständig aufgibt, kann nicht von Verwahrung, Aufbewahrung oder Sicherung der Sache die Rede sein.[105]

3. Ersatzvornahme, Art. 53 Abs. 1, 54 Abs. 1 Nr. 1, 55 bayPAG[106]

Die Abschleppmaßnahme könnte eine Ersatzvornahme gemäß Art. 53 Abs. 1, 54 Abs. 1 Nr. 1, 55 bayPAG sein. Nach diesen Bestimmungen kann die Polizei eine vertretbare Handlung „selbst ausführen oder einen anderen mit der Ausführung beauftragen" (Art. 55 Abs. 1 Satz 1 bayPAG). Dies setzt indes im gestreckten Zwangsverfahren voraus, dass die Polizei zuvor einen Verwaltungsakt gemäß Art. 35 Satz 1 bayVwVfG erlassen hat, vgl. Art. 53 Abs. 1 bayPAG.

Fraglich ist, ob ein solcher vollstreckbarer (Grund-)Verwaltungsakt hier vorliegt. Die Polizisten P und V haben jedenfalls kein persönliches Wegfahrgebot angeordnet, das zweifellos ein Verwaltungsakt i.S.d. Art. 35 bayVwVfG wäre.

In Betracht kommt ferner ein als Verwaltungsakt zu qualifizierendes *Wegfahrgebot* aus einem Straßenverkehrsschild. Denn Verkehrsschilder sind Allgemeinverfügungen gemäß Art. 35 Satz 2 Var. 3 bayVwVfG.

Eine Parkverbotsregelung durch ein gesondertes Verkehrszeichen bestand hier jedoch nicht, insbesondere musste S kein absolutes Halteverbot (Zeichen 283 der Anlage 2 zu § 41 Abs. 1 StVO) beachten, das zugleich ein Wegfahrgebot enthält.

Somit kann die polizeiliche Maßnahme nicht als Ersatzvornahme gemäß den Artt. 53 Abs. 1 54 Abs. 1 Nr. 1, 55 bayPAG qualifiziert werden.

---

[105] Vgl. *Pieroth/Schlink/Kniesel*, POR, 7. Aufl. 2012, § 19, Rn. 3.
[106] § 49 Abs. 1 bwPolG i.V.m. §§ 2, 19 Abs. 1 Nr. 2, 25 bwLVwVG; §§ 50 Abs. 1, 51 Abs. 1 Nr. 1, 52 nwPolG; §§ 44 Abs. 1, 45 Abs. 1 Nr. 1, 46 saarlPolG.

4. Unmittelbare Ausführung der Generalklausel, Art. 11 Abs. 1, 2 Satz 1 Nr. 1 Alt. 2 i.V.m. Art. 9 Abs. 1 bayPAG[107]

Schließlich könnte sich die Maßnahme rechtlich als unmittelbare Ausführung einer auf die Generalklausel gestützten fiktiven bzw. fingierten Grundverfügung gemäß Art. 11 Abs. 1, 2 Satz 1 Nr. 1, Alt. 2 i.V.m. Art. 9 Abs. 1 bayPAG konstruieren lassen.

Klausurhinweis: Die unmittelbare Ausführung gemäß Art. 9 Abs. 1 bayPAG als solche ist keine taugliche Befugnisnorm! Sie müssen daher stets daran denken, als Rechtsgrundlage die fiktive Grundverfügung i.V.m. Art. 9 Abs. 1 bayPAG als Befugnisnorm zu zitieren.

Danach kann die Polizei eine Maßnahme selbst oder durch einen Beauftragten ausführen, wenn der Zweck der Maßnahme durch Inanspruchnahme der nach den Art. 7 oder 8 Verantwortlichen nicht oder nicht rechtzeitig erreicht werden kann.

Da hier eine (vollstreckbare) Grundverfügung nicht vorausgegangen ist, kommt die unmittelbare Ausführung grundsätzlich in Betracht. Denkbar ist in diesem Falle aber auch, dass ein sofortiger Vollzug gemäß Art. 53 Abs. 2 bayPAG (gekürztes Zwangsverfahren) vorliegt; denn danach kann der Verwaltungszwang auch ohne vorausgehenden Verwaltungsakt angewendet werden. Die beiden Rechtsinstitute sind daher voneinander abzugrenzen.

Klausurhinweis: Diese Abgrenzung ist naturgemäß nur in jenen Ländern vorzunehmen, die wie Bayern *beide Institute* kennen. Auch wenn diese Abgrenzung keine Auswirkungen auf die Lösung eines Falles hat, weil der rechtliche Maßstab stets gleich bleibt, so muss sie doch im universitären Gutachten erfolgen, zumal davon nicht zuletzt die von Ihnen zu prüfende Rechtsgrundlage abhängt! Also lassen Sie hier nicht unnötig Punkte liegen!

Nach **einer Ansicht** ist die Abgrenzung nach dem *mutmaßlichen Willen* des Betroffenen vorzunehmen. Der sofortige Vollzug sei eine Maßnahme des Vollstreckungsrechts. Da die Zwangsanwendung das Brechen eines entgegengesetzten Willens voraussetze, sei von einem sofortigen Vollzug auszugehen, wenn sich der Be-

---

[107] § 8 bwPolG; § 15 berlASOG; § 7 hambSOG; § 8 hessSOG; § 6 rpPOG; § 6 sächsPOlG; § 9 saSOG; § 9 thürPAG.

troffene (mutmaßlich) gegen die Maßnahme zur Wehr setzte. Andernfalls, also wenn der Betroffene (vermutlich) mit der Maßnahme einverstanden ist, liege eine unmittelbare Ausführung vor.

Nach **anderer Ansicht** ist die unmittelbare Ausführung vorrangig. Danach komme der sofortige Vollzug nur dann in Betracht, wenn die unmittelbare Ausführung nicht anwendbar sei. Dies sei immer dann der Fall, wenn erstens eine unvertretbare Handlung vorgenommen oder zweitens anstelle eines Nichtstörers gehandelt werden soll.[108]

Der zweiten Ansicht ist hier zu folgen, da in der Tat ein solcher Vorrang besteht; denn in Art. 53 Abs. 2 bayPAG heißt es, dass der sofortige Vollzug zur Anwendung gelangt, „wenn das zur Abwehr einer Gefahr notwendig ist, insbesondere weil Maßnahmen gegen Personen nach den Art. 7 bis 10 nicht oder nicht rechtzeitig möglich sind oder keinen Erfolg versprechen".

Da die unmittelbare Ausführung in Art. 9 bayPAG geregelt ist, ist sie somit vorrangig anwendbar. Hinzu kommt noch, dass die Ermittlung des *mutmaßlichen Willens* einer abwesenden Person durchaus schwierig sein kann, sodass dieses Abgrenzungskriterium nicht zu überzeugen vermag.

Die unmittelbare Ausführung ist hier auch anwendbar, da es um eine vertretbare Handlung (das Wegfahren eines Kfz) geht und auch nicht anstelle eines Nichtverantwortlichen gehandelt wird.

II. Formelle Rechtmäßigkeit

Die unmittelbare Ausführung der fiktiven Grundverfügung müsste formell rechtmäßig sein.

1. Zuständigkeit

Die beiden Polizisten waren sachlich gemäß den Artt. 2 Abs. 1, 3 bayPAG und örtlich gemäß Art. 3 Abs. 1 bayPOG zuständig.

2. Verfahren

Der von der Maßnahme Betroffene müsste unverzüglich unterrichtet worden sein, Art. 9 Abs. 1 Satz 2 bayPAG.

---

[108] Instruktiv *Heckmann*, bayPSR, in:
Becker/Heckmann/Kempen/Manssen, Öffentliches Recht in Bayern,
5. Aufl. 2011, 3. Teil, Rn. 279 ff.

Es ist davon auszugehen, dass diesem formellen Erfordernis Rechnung getragen wurde.

> **Klausurhinweis:** Unterstellen Sie kein rechtswidriges Handeln einer Behörde, wenn der Sachverhalt zu einer solchen Frage schweigt. Sie können in einem solchen Fall davon ausgehen, dass das Verfahren ordnungsgemäß ablief.

3. Form

Formvorschriften sind hier nicht ersichtlich.

4. (Zwischen-) Ergebnis

Die unmittelbare Ausführung der fiktiven Grundverfügung ist folglich formell rechtmäßig.

III. Materielle Rechtmäßigkeit

Die unmittelbare Ausführung ist materiell rechtmäßig, wenn die fiktive Grundverfügung formell und materiell rechtmäßig wäre (dazu 1.), der Zweck der Maßnahme durch Inanspruchnahme der nach den Art. 7 oder 8 Verantwortlichen nicht oder nicht rechtzeitig erreicht werden konnte (dazu 2.) und ihre Durchführung ermessensfehlerfrei, insbesondere ohne Verstoß gegen den Grundsatz der Verhältnismäßigkeit erfolgte.

1. Rechtmäßigkeit der *fiktiven Grundverfügung*

Die in concreto nicht ergangene, also *fiktive Grundverfügung* müsste zunächst ihrerseits formell und materiell rechtmäßig angeordnet werden können; denn nur wenn die fiktive Grundverfügung selbst rechtmäßig *wäre*, kann auch die unmittelbare Ausführung dieser Verfügung rechtmäßig sein.

> **Klausurhinweis:** Dasselbe gilt beim sofortigen Vollzug gemäß Art. 53 Abs. 2 bayPAG. Dort ist – angenehm für den Klausurbearbeiter, der die Normen, die er prüft, auch liest – ausdrücklich normiert, dass die Polizei „innerhalb ihrer Befugnisse" handeln muss. Aus diesem Grund wirkt sich der Meinungsstreit in Bezug auf die Abgrenzung von Art. 9 Abs. 1 zu Art. 53 Abs. 2 bayPAG nicht aus.

a) Fraglich ist zunächst, welche Maßnahme hier als fiktive Grundverfügung in Betracht kommt.

Wenn P und V den Fahrer S angetroffen hätten, hätten Sie ihn aufgefordert, den Wagen unverzüglich wegzufahren. Dieses sog. Wegfahrgebot ist also die fiktive Grundverfügung. Da diese Maßnahme nicht in einer Standardmaßnahme geregelt ist, kommt als Befugnisnorm für dieses Gebot nur die Generalklausel gemäß Art. 11 Abs. 1, 2 Satz 1 Nr. 1 Alt. 2 bayPAG[109] in Betracht. Da die Handlung hier noch nicht beendet ist, kommt Art. 11 Abs. 1, 2 Satz 1 Nr. 2 bayPAG demgegenüber nicht in Betracht.[110]

Klausurhinweis: An dieser Stelle wird also die Rechtmäßigkeit einer polizeilichen Verfügung geprüft. Sie finden sich im gewohnten Schema

1) Befugnisnorm
2) Formelle Rechtmäßigkeit
3) Materielle Rechtmäßigkeit

wieder. Dies kann gar nicht oft genug wiederholt werden. Daneben sind freilich *weitere Voraussetzungen* zu prüfen. Aufgrund dieser „verschachtelten" Prüfung kommen Bearbeiter immer wieder in die Bredouille. Wenn man sich aber einmal den Prüfungsaufbau der unmittelbaren Ausführung bzw. des Sofortvollzugs vor Augen führt und ihn nachvollzieht, sollte dies eigentlich (in Zukunft) nicht mehr passieren. Machen Sie sich daher vertraut mit der nun folgenden Prüfung!

---

b) Das persönliche Wegfahrgebot müsste *formell rechtmäßig* sein. P und V wären gemäß den Artt. 2 Abs. 1, 3 bayPAG sachlich und gemäß Art. 3 Abs. 1 bayPOG örtlich zuständig.

Klausurhinweis: Verfahrens- und Formvorschriften einer fiktiven Grundverfügung zu prüfen, ist wenig sinnvoll. Verzichten Sie daher lieber auf solche Ausführungen, mit denen Sie im Übrigen nichts gewinnen können.[111]

---

c) Die fiktive Maßnahme müsste auch *materiell rechtmäßig* sein. Es müssten also zunächst die tatbestandlichen Voraussetzungen der polizeilichen Generalklausel erfüllt sein.

---

[109] §§ 3, 1 bwPolG; § 17 berlASO; § 10 bbgPolG; § 10 bremPolG; § 3 hambSOG; § 11 hessSOG; § 13 mvSOG; § 11 ndsSOG; § 8 nwPolG; § 9 rpPOG; § 8 saarlPolG; § 3 sächsPolG; § 13 saSOG; § 174 shLVwG; § 12 thürPAG.

[110] Vgl. *Schmidbauer*, in: ders./Steiner, bayPAG, 3. Aufl. 2011, Art. 11, Rn. 93, 98; Solche Feinheiten müssen Sie u.E. nicht wissen. Wenn Sie es wissen, wird dies freilich mit „Bonuspunkten" honoriert werden.

[111] Vgl. z.B. *Becker/Heckmann/Kempen/Manssen*, Klausurenbuch Öffentliches Recht in Bayern, 2. Aufl. 2008, S. 122, unter dem Gliederungspunkt (bb).

aa) Dazu müsste ein polizeiliches Schutzgut betroffen sein. Hier kommt die *öffentliche Sicherheit* in Betracht. Unter der öffentlichen Sicherheit versteht man die Unversehrtheit der objektiven Rechtsordnung, der Einrichtungen und Veranstaltungen des Staates und sonstiger Träger von Hoheitsgewalt und die subjektiven Rechtsgüter und Rechte.

Indem S seinen Wagen vor einer Bordsteinabsenkung abstellte und sodann wegging, könnte er gegen Vorschriften des Straßenverkehrsrechts und somit gegen die objektive Rechtsordnung verstoßen haben.

S könnte hier § 12 Abs. 3 Nr. 5 StVO missachtet haben. Danach ist das Parken vor Bordsteinabsenkungen verboten. Da S sein Auto verließ, hat er gemäß Art. 12 Abs. 2 StVO geparkt, sodass er in der Tat gegen diese Vorschrift verstoßen und damit auch eine Ordnungswidrigkeit begangen hat, § 24 StVG, § 49 Abs. 1 Nr. 12 StVO. Die öffentliche Sicherheit ist also betroffen.

bb) Da der Verstoß von S schon begangen wurde, liegt eine Störung der öffentlichen Sicherheit vor, die als Gefahr i.S.d. POR qualifiziert wird.

cc) Indem S sein Auto vor der Bordsteinabsenkung geparkt hat, ist er *Verhaltensstörer* gemäß Art. 7 Abs. 1 bayPAG[112] und als Fahrer und Eigentümer des Wagens zudem *Zustandsstörer* gemäß Art. 8 Abs. 1, 2, bayPAG[113].

dd) Die Maßnahme müsste *ohne Ermessensfehler* angeordnet werden können. Fraglich ist hier allein, ob das persönliche Wegfahrgebot eine *Ermessensüberschreitung* darstellt, indem es gegen den Grundsatz der Verhältnismäßigkeit gemäß Art. 4 bayPAG verstößt. Denn dafür, dass das Entschließungs- und das Auswahlermessen hinsichtlich des Störers nicht fehlerfrei ausgeübt wurden, liegen keine Anhaltspunkte vor.

---

[112] § 6 bwPolG; § 13 berlASOG; § 5 bbgPolG; § 5 bremPolG; § 8 hambSOG; § 6 hessSOG; § 69 mvSOG; § 6 ndsSOG; § 4 nwPolG; § 4 rpPOG; § 4 saarlPolG; § 4 sächsPolG; § 7 saSOG; § 218 shLVwG; § 7 thürPAG.

[113] § 7 bwPolG; § 14 berlASOG; § 6 bbgPolG; § 6 bremPolG; § 9 hambSOG; § 7 hessSOG; § 70 mvSOG; § 7 ndsSOG; § 5 nwPolG; § 5 rpPOG; § 5 saarlPolG; § 5 sächsPolG; § 8 saSOG; § 219 shLVwG; § 8 thürPAG.

(1) Mit der Anordnung, den Wagen wegzufahren, wäre ein *legitimer Zweck* verfolgt worden. Denn die Beseitigung von Störungen der öffentlichen Sicherheit dient der Gefahrenabwehr.

(2) Das persönliche Wegfahrgebot müsste *geeignet* sein, Art. 4 Abs. 1 bayPAG. Eine Maßnahme ist geeignet, wenn ihre Befolgung den erstrebten Erfolg herbeiführt oder fördert. Wenn S das Gebot befolgt hätte, wäre die Gefahr abgewehrt worden. Somit wäre das Wegfahrgebot auch ohne Weiteres geeignet i.S.d. Art. 4 Abs. 1 bayPAG.

(3) Die Maßnahme müsste *erforderlich* sein. Nach Art. 4 Abs. 1 bayPAG hat die Polizei diejenige Maßnahme zu ergreifen, die den Einzelnen und die Allgemeinheit am wenigsten beeinträchtigt. Eine Maßnahme ist demnach erforderlich, wenn es *kein milderes, gleich effektives Mittel* zur Zweckerreichung gibt. Ein anderes Mittel zur Beseitigung der Gefahr, das milder ist als das kaum spürbare Wegfahrgebot, ist hier nicht ersichtlich.

(4) Schließlich müsste das Wegfahrgebot auch *zumutbar* sein. Eine Maßnahme darf nach Art. 4 Abs. 2 bayPAG nicht zu einem Nachteil führen, der zu dem erstrebten Zweck *erkennbar außer Verhältnis* steht. Bei der vorzunehmenden Abwägung überwiegt eindeutig der erstrebte Zweck, zumal der Eingriff in die Freiheit des S überaus gering ist.

(5) Die fiktive Grundverfügung wäre mithin verhältnismäßig, sodass keine Ermessensüberschreitung und in der Folge kein Ermessensfehler vorläge.

d) Die fiktive Grundverfügung wäre folglich rechtmäßig.

2. Keine Inanspruchnahme der nach Art. 7 oder 8 Verantwortlichen (rechtzeitig) möglich

Eine unmittelbare Ausführung ist zweitens nur dann materiell rechtmäßig, wenn der Zweck der Maßnahme durch Inanspruchnahme der nach den Art. 7 oder 8 Verantwortlichen nicht oder nicht rechtzeitig erreicht werden kann. Zu prüfen ist also, ob P und V die eingetretene Störung dadurch beseitigen konnten, dass sie den Verhaltens- oder Zustandsstörer in Anspruch nahmen.

Da der Verhaltens- und Zustandsstörer S hier indes nicht anzutreffen war, um den Wagen wegzufahren, liegen diese Voraussetzungen vor.

Klausurhinweis: Wer an dieser Stelle diskutiert, ob P und V nicht durch einen Anruf bei S den Zweck der Maßnahme hätten erreichen können, macht keinen Fehler. Im Gegenteil ist die Verortung des Klausurproblems unter diesem Prüfungspunkt gut vertretbar. Dessen ungeachtet haben wir uns entschieden, das Problem im Rahmen der Verhältnismäßigkeit, genauer: der Erforderlichkeit der unmittelbaren Ausführung anzusprechen.

---

3. Durchführung der unmittelbaren Ausführung

Schließlich müsste die Durchführung der unmittelbaren Ausführung als solche ermessensfehlerfrei erfolgt sein. Denn nach Art. 9 Abs. 1 bayPAG *kann* die Polizei eine Maßnahme selbst oder durch einen Beauftragten ausführen. Sie *muss* es also nicht.

Zu prüfen ist daher, ob die Polizei das ihr eingeräumte Ermessen pflichtgemäß, d.h. in den Grenzen des Art. 40 bayVwVfG ausgeübt hat. In Betracht kommt hier wiederum eine Ermessensüberschreitung in Gestalt eines Verstoßes gegen den Grundsatz der Verhältnismäßigkeit.

Klausurhinweis: Machen Sie sich klar, dass an dieser Stelle die Verhältnismäßigkeit der unmittelbaren Ausführung (= Versetzen des Autos des S) geprüft wird. Im Rahmen der unter 1. geprüften Verhältnismäßigkeit war das persönliche *Wegfahrgebot* der Bezugspunkt der Prüfung!

---

a) P und V haben mit dem Versetzen des Kfz einen *legitimen Zweck* verfolgt.

b) Das Versetzen des Autos war auch *geeignet,* da es zwecktauglich war.

c) Fraglich ist indes, ob die Umsetzung auch *erforderlich* war. Angesichts der Umstände könnte hier ein Anruf bei S milder und gleich wirksam gewesen sein.

S hatte hier einen gut sichtbaren Zettel angefertigt, den die beiden Polizisten P und V auch lasen.[114] Auf dem Zettel stand, wo sich A aufhielt, und dass sich A zum sofortigen Wegfahren bereiterklärte. Die beiden Vollzugsbeamten hätten unter Umständen bei S anrufen müssen. Dies ist freilich heftig umstritten.

aa) In der oberverwaltungsgerichtlichen Rechtsprechung wird die Ansicht vertreten, dass ein Anruf beim Vorhandensein eines solchen „Zettels" dann zu tätigen ist, wenn damit kein unzumutbarer Aufwand verbunden und eine kurzfristige und zuverlässige Beseitigung der Störung zu erwarten ist. Davon wiederum ist auszugehen, wenn erkennbar ist, dass erstens die Störung zeitnah beseitigt werden kann und zweitens hierzu die ernstliche Bereitschaft bestand.[115]

Zu prüfen ist, ob der Zettel des S diesen Anforderungen genügt.

(1) S hat auf den Zettel geschrieben, dass er sich in seiner Wohnung befindet und deren Adresse angegeben. Damit konnten die beiden Polizisten selbst abschätzen, wann S vor Ort sein könnte, um den Wagen zu entfernen. Sie mussten sich also nicht auf eine Fremdeinschätzung des Fahrers in Bezug auf den Zeitraum bis zu seinem Eintreffen am Parkort verlassen.

Klausurhinweis: Anders war es im Fall, den das OVG Hamburg, NJW 2001, 3647 ff., zu entscheiden hatte. Dort hatte der Fahrer auf den Zettel „Bei Störung bitte anrufen, komme sofort" geschrieben. Der Polizei war es auf der Grundlage dieser Information *nicht* möglich einzuschätzen, wann der Fahrer am Abstellort eintreffen wird.

---

(2) Aus der Sicht von P und V müsste ferner die ernstliche Bereitschaft des S zum Wegfahren erkennbar gewesen sein. Daran könnte insbesondere dann gezweifelt werden, wenn dem Zettel kein konkreter Bezug zu der konkreten Situation zu entnehmen wäre.

---

[114] Vgl. auch OVG Hamburg, NJW 2001, 3647 (3648): „Es obliegt dem eingesetzten Beamten, sich mit einem Blick in das Fahrzeug über das Vorhandensein einer solchen Nachricht zu vergewissern".

[115] OVG Hamburg, NJW 2001, 3647 (3648).

Dies ist indes nicht der Fall; denn S hat das seinerzeitige Datum auf dem Zettel vermerkt, sodass der Zettel von seinem Inhalt her gerade nicht für jeden Fall verbotswidrigen und störenden Parkens verwendet wurde bzw. werden konnte. Bei dieser Sachlage kann ein Polizist davon ausgehen, dass der Verwender zur eigenhändigen Beseitigung der Störung ernstlich bereit ist.

bb) Da die beiden Voraussetzungen erfüllt sind und nichts dafür ersichtlich ist, dass ein Anruf bei S unzumutbar war, hätten P und V ihn anrufen müssen. Die unmittelbare Ausführung der Grundverfügung war mithin nicht erforderlich i.S.d. Art. 4 Abs. 1 bayPAG.

Klausurhinweis: Bei entsprechender Begründung kann hier selbstredend auch eine andere Auffassung vertreten werden. Man könnte sich etwa auf den Standpunkt stellen, dass bei einer Abwesenheit des oder der Störer grundsätzlich keine Ermittlungen nach seinem bzw. ihrem Verbleib veranlasst sind, weil der Erfolg solcher Nachforschungen zweifelhaft ist und ggf. zu nicht abzusehenden weiteren Verzögerungen führt. Bei unserem Sachverhalt sprechen allerdings die besseren Gründe für die hier propagierte Ansicht.

---

d) Darüber hinaus könnte das Versetzen auch *unangemessen* und damit unter Verstoß gegen Art. 4 Abs. 2 bayPAG erfolgt sein.

Klausurhinweis: Weil Sie ein Gutachten schreiben und damit auf alle aufgeworfenen Rechtsfragen eingehen müssen, sollten Sie tunlichst nicht nach der Erforderlichkeitsprüfung aus der Prüfung „aussteigen". Der Leser möchte hier wissen, ob es auf die streitige Frage der Erforderlichkeit vielleicht gar nicht ankommt, weil die Maßnahme aus einem anderen Grund rechtswidrig ist.

Zu prüfen ist also, ob der erstrebte Erfolg nicht außer Verhältnis zum Nachteil für den Betroffenen steht.

Für eine unzumutbare Beschränkung der Freiheit des S könnte hier sprechen, dass nur ein wenig genutzter Fußweg „blockiert" wurde. Zudem ist nicht klar, dass es tatsächlich zu konkreten Behinderungen gekommen ist.

Dafür, dass die unmittelbare Ausführung angemessen war, spricht indes, dass es auf tatsächliche Behinderungen nicht ankommen kann. Es muss vielmehr ausreichen, dass es jederzeit zu einer Behinderung kommen kann, zumal es ein später Nachmittag war und nicht mitten in der Nacht. Im Übrigen konnten Fußgänger mit einem Kinderwagen oder Rollstuhlfahrer die Bordsteinabsenkung de facto nicht mehr nutzen.

Die Polizei kann ferner auch generalpräventive Gründe ins Feld führen. Die *negative Vorbildwirkung* durch das Parken vor einer Bordsteinabsenkung zu verhindern, ist ein Zweck, den P und V hier in zulässiger Weise verfolgen durften.

Klausurhinweis: Fraglich ist allein, ob die Polizei eine Abschleppmaßnahme allein mit der bloßen Vorbildwirkung des fehlerhaften Verhaltens und generalpräventiven Gründen rechtfertigen kann. Das Bundesverwaltungsgericht hält dies für nicht ausreichend.[116]

Die besseren Gründe streiten daher für eine Bewertung, wonach das Versetzen angemessen war.

e) Die unmittelbare Ausführung durch die Polizei verstieß somit gegen den in Art. 4 bayPAG niedergelegten Grundsatz der Verhältnismäßigkeit, weil sie nicht erforderlich war.

4. (Zwischen-)Ergebnis

Die unmittelbare Ausführung war somit materiell rechtswidrig.

IV. Ergebnis

B wird dem S in diesem Fall mitteilen können, dass die Abschleppmaßnahme rechtswidrig war.

---

[116] BVerwG, NJW 2002, 2122 (2122).

Fall 8: *Vier faule Eier verderben den Brei?*

▶ **Standort:** Versammlungsrecht; Spontanversammlung; versammlungsgesetzliche Anmeldepflicht; verfassungskonforme Auslegung; Rechtmäßigkeit der Auflösung einer Spontanversammlung wegen weniger interner Störer; Fortsetzungsfeststellungsklage analog § 113 Abs. 1 Satz 4 VwGO

An einem Samstagmorgen im April 2012 findet anlässlich der bevorstehenden Landtagswahl in Nordrhein-Westfalen in der Innenstadt der nordrhein-westfälischen Gemeinde K eine Kundgebung der EDP (Echte Deutsche Partei) statt. Zu diesem Zweck wurde eine Bühne aufgebaut, auf der nacheinander verschiedene Redner der Partei auftreten sollen. Da es bei Kundgebungen der EDP in der Vergangenheit schon öfters zu Protesten gekommen ist, haben sich auch ca. 50 Polizisten eingefunden, um den reibungslosen Ablauf der Kundgebung zu gewährleisten.

Bereits während des ersten Redners werden viele Passanten auf die Kundgebung aufmerksam und sammeln sich etwas abseits der Bühne und den dort befindlichen wenigen Sympathisanten der EDP, um spontan ihrem Missfallen darüber Ausdruck zu verleihen. Nach kurzer Zeit schon haben sich ca. 200 Menschen zusammengefunden, die durch lautes Rufen und Buhen ihren Widerspruch gegen die Reden kundtun. Die Polizisten haben sich unterdessen zwischen Bühnenbereich und den Kritikern aufgestellt, damit die Veranstaltung der EDP möglichst ungestört und reibungslos ablaufen kann.

Während nach etwa einer Stunde gerade die dritte Rede im Gange ist, versuchen vier aus der Menschenmenge plötzlich die Bühne zu stürmen, um mit Glasflaschen, die sie bei sich führen, auf den Redner der EDP einzuschlagen. Kurz bevor es dazu kommt, gelingt es den Polizeikräften jedoch, die vier zu ergreifen und von der Bühne zu entfernen.

Da die Polizei aufgrund dieses Vorfalls weitere gewaltsame Angriffe aus der Menge der Zuhörerschaft befürchtet, löst sie kurzerhand die Zusammenkunft der Gegner der EDP abseits der Bühne auf und fordert die Teilnehmer mittels Lautsprecherdurchsage klar und unmissverständlich auf, sich von dort zu entfernen. Daraufhin gehen die immer noch ca. 200 Menschen auseinander und widmen sich wieder ihren Samstagseinkäufen.

Dem EDP-Gegner und eifrigen Buhrufer Tim Tatendrang (T) freilich ist die Lust daran vergangen. Er ist mit der Vorgehensweise der Polizei gar nicht einverstanden und geht schon am nächsten Tag „gegen das unerhörte Versammlungsverbot" vor, indem er unverzüglich Klage beim zuständigen Verwaltungsgericht erhebt und beantragt, die Rechtswidrigkeit der polizeilichen Maßnahme festzustellen. In der Klageschrift beruft er sich darauf, in seiner Versammlungsfreiheit verletzt worden zu sein. Seiner Ansicht nach kann es nicht rechtens sein, dass die Polizei wegen vier gewaltbereiter "Chaoten" die Auflösung einer Versammlung mit so vielen Teilnehmern herbeiführen kann. Er möchte auch zukünftig wieder bei Veranstaltungen der EDP als kritischer Geist zugegen sein und daher für Klarheit sorgen, dass solche Maßnahmen der Polizei nicht zulässig seien.

Hat die Klage des T Aussicht auf Erfolg?

Bearbeitervermerk:
1) Die Gemeinde K gehört zum Polizeibezirk des Polizeipräsidiums Köln.
2) Die Klausur ist nach dem Landesrecht von Nordrhein-Westfalen zu lösen.

A. Zulässigkeit
I. Eröffnung des Verwaltungsrechtswegs, § 40 Abs. 1 Satz 1 VwGO
1. Aufdrängende Sonderzuweisung
2. Verwaltungsgerichtliche Generalklausel, § 40 Abs. 1 Satz 1 VwGO
3. Abdrängende Sonderzuweisung
II. Statthafte Klageart, § 113 Abs. 1 Satz 4 VwGO analog
1. Auslegung des Klagebegehrens, § 88 VwGO
2. Anfechtungsklage, § 42 Abs. 1 Alt. 1 VwGO
3. Fortsetzungsfeststellungsklage, § 113 Abs. 1 Satz 4 VwGO
4. Fortsetzungsfeststellungsklage, § 113 Abs. 1 Satz 4 VwGO analog
5. (Zwischen-)Ergebnis
III. Klagebefugnis, § 42 Abs. 2 VwGO analog
IV. Fortsetzungsfeststellungsinteresse
V. Passive Prozessführungsbefugnis, § 78 VwGO
VI. Beteiligten- und Prozessfähigkeit, §§ 61 f. VwGO
VII. Klagefrist, § 74 Abs. 1 VwGO analog
VIII. Zuständigkeit des Verwaltungsgerichts, §§ 45, 52 VwGO
IX. (Zwischen-)Ergebnis

B. Begründetheit
I. Rechtsgrundlage
1. Anwendbarkeit des Versammlungsgesetzes
2. Öffentliche Versammlung
3. Verbot einer öffentlichen Versammlung, §§ 5, 15 Abs. 1 VersG
4. Auflösung einer öffentlichen Versammlung unter freiem Himmel, § 15 Abs. 3 VersG
II. Formelle Rechtmäßigkeit
1. Zuständigkeit
2. Verfahren
3. Form
4. (Zwischen-)Ergebnis
III. Materielle Rechtmäßigkeit
1. Fehlende Anmeldung
2. Unmittelbare Gefahr für die öffentliche Sicherheit oder Ordnung
3. Pflichtigkeit
4. (Zwischen-)Ergebnis
IV. (Zwischen-)Ergebnis

C. Ergebnis

Vorüberlegung: Das Versammlungsrecht ist eine für Klausuren und Hausarbeiten äußerst relevante Rechtsmaterie. Dies liegt nicht zuletzt daran, dass in diesem Bereich immer wieder neue Entscheidungen auch des Bundesverfassungsgerichts ergehen, mit denen die Grenzen der Versammlungsfreiheit neu vermessen werden. Im vorliegenden Fall muss zunächst erkannt werden, dass eine *Spontanversammlung* nicht allein aufgrund einer fehlenden Anmeldung aufgelöst werden darf. Anschließend ist zu prüfen, ob es für eine Auflösung ausreicht, dass nur ein sehr geringer Teil der Teilnehmer die Versammlung stört. In prozessualer Hinsicht liegt eine *Fortsetzungsfeststellungsklage* vor, die geradezu typisch ist für Klausuren aus dem Versammlungsrecht. Da Sie besonders häufig in Klausuren aus dem POR anzutreffen ist, sollen ihre Zulässigkeitsvoraussetzungen hier näher dargestellt werden.

Die Klage des T hat Aussicht auf Erfolg, wenn sie zulässig und begründet ist.

A. Zulässigkeit

Die Klage ist zulässig, wenn die Sachentscheidungsvoraussetzungen einer statthaften Klageart vorliegen.

I. Eröffnung des Verwaltungsrechtswegs

Der Verwaltungsrechtsweg müsste eröffnet sein.

1. Aufdrängende Sonderzuweisung

Eine aufdrängende Sonderzuweisung, bei deren Vorliegen der Verwaltungsrechtsweg unabhängig von § 40 Abs. 1 Satz 1 VwGO eröffnet ist, ist nicht ersichtlich.

> **Klausurhinweis:** Die Prüfung, ob eine aufdrängende Sonderzuweisung vorliegt, ist hier, wo dies ersichtlich nicht der Fall ist, selbstredend verzichtbar. Allerdings: Sie schadet auch nicht, zumal sie ein Gutachten schreiben und Ihr Wissen zeigen wollen.

2. Verwaltungsgerichtliche Generalklausel, § 40 Abs. 1 Satz 1 VwGO

Der Verwaltungsrechtsweg könnte gemäß § 40 Abs. 1 Satz 1 VwGO eröffnet sein. Der Verwaltungsrechtsweg ist nach § 40 Abs. 1 Satz 1 VwGO eröffnet, wenn eine öffentlich-rechtliche Streitigkeit nichtverfassungsrechtlicher Art vorliegt.

Eine *öffentlich-rechtliche Streitigkeit* liegt dann vor, wenn die streitentscheidenden Normen solche des öffentlichen Rechts sind. Wann eine Norm dem öffentlichen Recht angehört, bestimmt die h.M. anhand der *modifizierten Subjektstheorie.* Danach wird auf das Zuordnungssubjekt der streitentscheidenden Rechtsnorm abgestellt. Entscheidend ist also, wen die Norm berechtigt und verpflichtet. Wenn ausschließlich ein Träger hoheitlicher Gewalt entweder berechtigt oder verpflichtet wird, und zwar in seiner Eigenschaft als Hoheitsträger, dann soll öffentliches Recht (Sonderrecht) vorliegen.

Hier sind Normen des Versammlungsgesetzes streitentscheidend. Diese räumen entweder der zuständigen Behörde (vgl. § 15 Abs. 1, 3 VersG) oder der Polizei (vgl. § 13 Abs. 1 VersG) Befugnisse ein, sodass ausschließlich ein Träger hoheitlicher Gewalt in seiner Funktion als Hoheitsträger berechtigt wird. Eine öffentlich-rechtliche Streitigkeit liegt somit vor.

> **Klausurhinweis:** Eine derart ausführliche Prüfung ist sicher nicht erforderlich. Sie ist indes gleichwohl empfehlenswert, um dem Korrektor zu zeigen, dass man auch im Verwaltungsprozessrecht „zu Hause ist".

Eine Streitigkeit ist nach der Theorie von der doppelten Verfassungsunmittelbarkeit schon dann *nichtverfassungsrechtlicher Art,* wenn sie entweder nicht zwischen unmittelbar am Verfassungsleben beteiligten Rechtsträgern besteht oder wenn sie sich nicht auf Rechte und Pflichte bezieht, die unmittelbar und ausschließlich in der Verfassung geregelt sind.

Hier sind beide Voraussetzungen für eine verfassungsrechtliche Streitigkeit eindeutig nicht erfüllt.

3. Abdrängende Sonderzuweisung

Eine *abdrängende Sonderzuweisung* ist nicht ersichtlich.

Exkurs: Eine wichtige abdrängende Sonderzuweisung im Bereich gefahrenabwehrrechtlicher Klausuren ist in § 23 EGGVG geregelt. Danach entscheiden die *ordentlichen Gerichte* „über die Rechtmäßigkeit der Anordnungen, Verfügungen oder sonstigen Maßnahmen, die von den Justizbehörden zur Regelung einzelner Angelegenheiten auf den Gebieten des bürgerlichen Rechts einschließlich des Handelsrechts, des Zivilprozesses, der freiwilligen Gerichtsbarkeit und der Strafrechtspflege getroffen werden". Diese Bestimmung erfasst auch Maßnahmen der Polizeibehörden im Rahmen der Strafverfolgung. M.a.W. wenn sie strafbare Handlungen verfolgen und ermitteln. Wenn die Polizei also *repressiv* handelt, dann entscheiden die ordentlichen Gerichte über die Rechtmäßigkeit der Maßnahmen.[117] Bei *präventiver* Tätigkeit der Polizei, die dann zu bejahen ist, wenn Gefahren abgewehrt werden sollen, bleibt es beim *Verwaltungsrechtsweg.*

Schwierig und klausurrelevant sind die sog. *doppelfunktionalen Maßnahmen.* Doppelfunktionale Maßnahmen zeichnen sich dadurch aus, dass die Polizei sowohl zur Gefahrenabwehr (= präventiv) als auch zur Strafverfolgung (= repressiv) tätig wird. Ein typischer Fall ist das polizeiliche Einschreiten bei strafrechtlichen Dauerdelikten. Man denke nur an einen Hausfriedensbruch, der eine Straftat gemäß § 123 StGB ist. Wenn die Polizei eine solche Störung (= realisierte Gefahr) beseitigt, indem sie sich des Unbefugten annimmt, handelt sie doppelfunktional.

---

[117] *Martini*, Verwaltungsprozessrecht, 5. Aufl. 2011, S. 29.

In diesen Fällen soll nach h.M. auf den Schwerpunkt der Maßnahme abzustellen sein. Dabei soll im Zweifel Gefahrenabwehr wichtiger als Strafverfolgung sein.[118]

II. Statthafte Klageart

Zu prüfen ist, welche Klageart in concreto statthaft ist.

1. Auslegung des Klagebegehrens, § 88 VwGO

Die statthafte Klageart richtet sich nach dem Begehren des Klägers, § 88 VwGO.

T wendet sich gegen die plötzliche Beendigung der Versammlung. Dabei handelt es sich um die Maßnahme einer Behörde zur Regelung eines Einzelfalls auf dem Gebiet des öffentlichen Rechts mit Außenwirkung und damit gemäß § 35 Satz 1 VwVfG um einen Verwaltungsakt.

Klausurhinweis: Im Rahmen der Prüfung der Zulässigkeit einer Klage sollten Sie mit der h.M. stets den § 35 VwVfG und nicht etwa Art. 35 bayVwVfG oder wie hier § 35 nwVwVfG in Bezug nehmen. Da der Begriff des Verwaltungsakts in der VwGO ein bundesrechtlicher ist, ist er entsprechend anhand der bundesrechtlichen Definition des Verwaltungsakts in § 35 VwVfG zu bestimmen. Die andere Auffassung, wonach auf die landesrechtlichen Begriffsbestimmungen des Verwaltungsakts abzustellen sei, ist freilich ebenso vertretbar.[119]

Da der Verwaltungsakt sich an einen nach allgemeinen Merkmalen bestimmten oder bestimmbaren Personenkreis richtet, liegt eine Allgemeinverfügung gemäß § 35 Satz 2 Var. 1 VwVfG vor.

2. Anfechtungsklage, § 42 Abs. 2 Alt. 1 VwGO

T könnte also mit einer Anfechtungsklage nach § 42 Abs. 1 Alt. 1 VwGO die Aufhebung der polizeilichen Maßnahme verlangen, da diese auch belastend ist. Dazu müsste er allerdings einen *noch nicht erledigten* Verwaltungsakt angreifen.

---

[118] *Pieroth/Schlink/Kniesel*, POR, 7. Aufl. 2012, § 2, Rn. 7 ff., insb. Rn. 15.
[119] *Martini*, Verwaltungsprozessrecht, 5. Aufl. 2011, S. 39, Fn. 1.

> **Klausurhinweis:** Prüfen Sie bei einer Anfechtungsklage jedenfalls
> gedanklich immer die drei folgenden Schritte:
>   1) Verwaltungsakt (§ 35 VwVfG),
>   2) der belastend ist und
>   3) sich noch nicht erledigt hat (§ 43 Abs. 2 VwVfG, § 113
> Abs. 1 Satz 4 VwGO).

Dies ist hier indes äußerst fraglich. Denn die Allgemeinverfügung hat sich bereits kurze Zeit nach ihrer Bekanntgabe dadurch erledigt, dass von ihr keine Rechtswirkungen mehr ausgehen, vgl. § 43 Abs. 2 nwVwVfG. Die polizeiliche Maßnahme ist hier abgeschlossen, sodass ihre Aufhebung sinnlos wäre. Somit ist eine Anfechtungsklage nicht statthaft.

3. Fortsetzungsfeststellungsklage, § 113 Abs. 1 Satz 4 VwGO

Als statthafte Klageart könnte deshalb die Fortsetzungsfeststellungsklage gemäß § 113 Abs. 1 Satz 4 VwGO in Betracht kommen. Diese Vorschrift regelt allerdings unmittelbar nur die Erledigung *nach* Erhebung der Anfechtungsklage. Vorliegend hat sich die Verfügung jedoch schon *vor* Erhebung der Klage erledigt. Daher scheidet auch die Fortsetzungsfeststellungsklage gemäß § 113 Abs. 1 Satz 4 VwGO aus.

4. Fortsetzungsfeststellungsklage, § 113 Abs. 1 Satz 4 VwGO analog

Schließlich könnte eine Fortsetzungsfeststellungsklage *analog* § 113 Abs. 1 Satz 4 VwGO statthaft sein. Auch wenn grundsätzlich die *allgemeine Feststellungsklage* gemäß § 43 Abs. 1 VwGO angewendet werden könnte und somit Zweifel am Vorliegen einer *planwidrigen Regelungslücke* nicht von der Hand zu weisen sind, bejaht die wohl noch h.M. gleichwohl den Analogieschluss.

An der vergleichbaren Interessenlage, also der zweiten Voraussetzung eines Analogieschlusses, bestehen keine Zweifel. Der Fall der Erledigung *vor* Klageerhebung ist wertungsmäßig mit dem in § 113 Abs. 1 Satz 4 VwGO geregelten Fall vergleichbar, zumal es oftmals vom Zufall abhängt, ob sich ein Verwaltungsakt *vor* oder *nach* Erhebung der Klage erledigt.

> **Klausurhinweis**: Die Anwendung des § 113 Abs. 1 Satz 4 VwGO analog in diesen Fällen ist inzwischen nicht mehr unangefochten. Das Bundesverwaltungsgericht hat jüngst offengelassen, ob es noch der rechtlichen Konstruktion über die Analogie zu § 113 Abs. 1 Satz 4 VwGO bedarf, vgl. BVerwGE 109, 203 (209).

Dass T nicht ausdrücklich einen Antrag auf Feststellung der Rechtswidrigkeit der Verfügung gestellt hat, ist unschädlich. Das Verwaltungsgericht ist nach § 88 VwGO nämlich nicht an die Fassung der Anträge der Parteien gebunden. Aus § 86 Abs. 3 VwGO folgt, dass der Vorsitzende den Beteiligten auch bei der Formulierung ihrer Anträge helfen soll.

5. (Zwischen-)Ergebnis

Die Fortsetzungsfeststellungsklage analog § 113 Abs. 1 Satz 4 VwGO ist somit die statthafte Klageart.

III. Klagebefugnis, § 42 Abs. 2 VwGO analog

T müsste klagebefugt sein, § 42 Abs. 2 VwGO analog. Klagebefugt ist gemäß § 42 Abs. 2 VwGO, wer substantiiert Tatsachen behauptet, die es *als möglich erscheinen lassen,* dass der Kläger durch den angefochtenen Verwaltungsakt in seinen Rechten verletzt ist. Bei Klagen von Adressaten eines Verwaltungsakts besteht indes stets die Möglichkeit einer Verletzung von Art. 2 Abs. 1 GG (sog. *Adressatentheorie),* sodass die Voraussetzungen des § 42 Abs. 2 VwGO nicht im Einzelnen geprüft werden müssen.

Hier ist T Adressat eines belastenden Verwaltungsakts. Zudem ist nicht von vornherein ausgeschlossen, dass er in seinem Recht aus Art. 8 GG verletzt ist. Die Klagebefugnis gemäß § 42 Abs. 2 VwGO analog liegt somit vor.

> **Klausurhinweis:** In Nordrhein-Westfalen wurde das Widerspruchsverfahren zum Zwecke des Bürokratieabbaus für die meisten Fälle abgeschafft, wenn der Verwaltungsakt während des Zeitraums vom 1. November 2007 bis zum 31. Dezember 2013 bekannt gegeben worden ist (vgl. § 110 nwJustG, vormals geregelt in § 6 nwAG VwGO).

Aus diesem Grund bedarf es daher zum folgenden Klausurproblem keiner Ausführungen mehr, wenn – wie hier – weder § 110 Abs. 2 noch § 110 Abs. 3 nwJustG die Durchführung eines Widerspruchsverfahrens verlangen.[120]

In Bundesländern, in denen vor Erhebung einer Klage grundsätzlich noch ein Vorverfahren durchgeführt werden muss,[121] gilt Folgendes: Im Rahmen der Fortsetzungsfeststellungsklage analog § 113 Abs. 1 Satz 4 VwGO ist umstritten, ob ein Vorverfahren gemäß den §§ 68 ff. VwGO analog (sog. Fortsetzungsfeststellungswiderspruch) durchgeführt werden muss oder nicht:

Nach **einer Meinung** soll dies erforderlich sein. Zur Begründung wird vorgebracht, dass die Fortsetzungsfeststellungsklage als erledigte Anfechtungsklage im engen systematischen Zusammenhang mit der Anfechtungsklage stehe, sodass sie auch deren Zulässigkeitsvoraussetzungen erfüllen müsse.

Nach **einer anderen Ansicht** sei die Durchführung eines Widerspruchsverfahrens entbehrlich. Die Voraussetzungen für eine Analogie lägen nicht vor. Das Vorverfahren soll der Verwaltung die Möglichkeit geben, ihre Entscheidung erneut auf ihre Recht- und Zweckmäßigkeit hin zu überprüfen. Die Nachprüfung der Zweckmäßigkeit sei für den Betroffenen in diesem Fall indes nicht mehr von Interesse. Was die Prüfung der Rechtmäßigkeit anbelangt, gehöre die nachträgliche verbindliche Beurteilung nicht mehr zu den Aufgaben, die der Verwaltung in den §§ 68 ff. VwGO übertragen seien.

Da die beiden Ansichten zu unterschiedlichen Ergebnissen führen, muss dieser Streit entschieden werden. Die zuerst genannte Meinung ist vorzugswürdig. Denn die Zwecke des Vorverfahrens (Entlastung der Verwaltung, Selbstkontrolle der Verwaltung, Rechtsschutz für den Bürger) können auch in der vorliegenden Konstellation noch erreicht werden.[122]

[120] Seit dem 1.1.2011 gilt in Nordrhein-Westfalen das Gesetz über die Justiz im Land Nordrhein-Westfalen (JustG). Das Absehen vom Vorverfahren ist nun in § 110 nwJustG geregelt.

[121] Vgl. zu den zahlreichen gesetzlichen Ausnahmen in der Landesgesetzgebung BeckOK/*Hüttenbrink*, VwGO, 2012, § 68, Rn. 22.

[122] Vgl. zum Ganzen *Martini*, Verwaltungsprozessrecht, 5. Aufl. 2011, S. 85.

T müsste also noch ein Vorverfahren einleiten.

Einigkeit besteht indes dahingehend, dass der Betroffene den Verwaltungsakt nicht bestandskräftig werden lassen darf. Dies ist vorliegend jedoch nicht der Fall.

IV. Fortsetzungsfeststellungsinteresse

Für die Erhebung der Fortsetzungsfeststellungsklage ist ein besonderes Feststellungsinteresse erforderlich. Der Kläger muss ein nach vernünftigen Erwägungen nach Lage des Falles anzuerkennendes, schutzwürdiges Interesse an der begehrten Feststellung haben. Die Absicht, Schadensersatzansprüche geltend zu machen, genügt dabei nicht.

In diesem Zusammenhang wurden bestimmte Fallgruppen gebildet: *Rehabilitationsinteresse, Wiederholungsgefahr* und sich kurzfristig erledigende, *tiefgreifende Grundrechtseingriffe* insbesondere infolge polizeilicher Maßnahmen.

Hier kommt eine *Wiederholungsgefahr* in Betracht. Sie ist gegeben, wenn es konkrete Anhaltspunkte dafür gibt, dass unter im Wesentlichen unveränderten tatsächlichen und rechtlichen Umständen ein gleichartiger Verwaltungsakt ergehen wird.

Laut Sachverhalt ist es vorliegend alles andere als unwahrscheinlich, dass eine ähnliche Situation wieder auftreten wird. Denn T beabsichtigt, sich auch in Zukunft Kundgebungen der EDP anzuhören und seine Meinung dazu zu äußern. Daher besteht eine hinreichend bestimmte Gefahr, dass S dereinst mit vergleichbaren Maßnahmen konfrontiert sein wird. Folglich liegt eine Wiederholungsgefahr vor.

T hat somit auch ein Fortsetzungsfeststellungsinteresse.

V. Passive Prozessführungsbefugnis

Richtiger Beklagter ist nach § 78 Abs. 1 Nr. 1 VwGO analog das Land Nordrhein-Westfalen als Rechtsträger des Polizeipräsidiums Köln, das hier den Verwaltungsakt erlassen hat, vgl. § 1 nwPOG.

Klausurhinweis: Wo das sog. *Behördenprinzip* gilt (vgl. § 14 des Gesetzes zur Ausführung des Gerichtsstrukturgesetzes in Mecklenburg-Vorpommern) ist § 78 Abs. 1 Nr. 2 VwGO anzuwenden. In Bayern und (seit 01.01.2011) in Nordrhein-Westfalen ist hier demgegenüber § 78 Abs. 1 Nr. 1 VwGO und somit das *Rechtsträgerprinzip* anwendbar. Sie müssen daher prüfen, was im jeweiligen Ausführungsgesetz zur VwGO (AGVwGO) Ihres Bundeslandes geregelt ist!

In Bayern wird § 78 VwGO vielfach als Regelung der Passivlegitimation verstanden und daher in der *Begründetheit* geprüft.

VI. Beteiligten- und Prozessfähigkeit, §§ 61 f. VwGO

T ist als natürliche Person nach § 61 Nr. 1 Alt. 1 VwGO beteiligten- und nach § 62 Abs. 1 Nr. 1 VwGO prozessfähig. Das Land Nordrhein-Westfalen ist nach § 61 Abs. 1 Alt. 2 VwGO beteiligten- und nach § 62 Abs. 3 VwGO prozessfähig.

VII. Klagefrist, § 74 Abs. 1 VwGO analog

Die Frage, ob § 74 Abs. 1 VwGO, der die Klagefrist für die Anfechtungsklage regelt, in den Fällen der Fortsetzungsfeststellungsklage analog § 113 Abs. 1 Satz 4 VwGO ebenfalls analog anwendbar ist (hier wäre dann mangels Widerspruchsbescheides § 74 Abs. 1 Satz 2 VwGO analog anwendbar) oder nicht, kann hier dahinstehen; denn T hat schon am darauffolgenden Tag Klage erhoben und die Monatsfrist somit in jedem Fall gewahrt.

VIII. Zuständigkeit des Verwaltungsgerichts, §§ 45, 52 VwGO

Laut Sachverhalt hat T die Klage vor dem nach §§ 45, 52 VwGO zuständigen Verwaltungsgericht erhoben.

IX. (Zwischen-)Ergebnis

Die Klage des T ist folglich zulässig.

B. Begründetheit

Die Klage des T ist begründet, soweit die Verfügung der Polizei rechtswidrig gewesen und der T dadurch in seinen Rechten verletzt worden ist.

Die Verfügung war rechtmäßig, wenn für sie eine Rechtsgrundlage vorlag (dazu I.), sie formell (dazu II.) und materiell (dazu III.) rechtmäßig war.

I. Rechtsgrundlage

Fraglich ist zunächst, auf welche Rechtsgrundlage die Maßnahme gestützt werden kann. In Betracht kommen die §§ 5, 13, 15 Abs. 1, 3 VersG. Dort werden Verbot und Auflösung von öffentlichen Versammlungen geregelt.

Exkurs: Das Versammlungsgesetz unterscheidet in seinem zweiten und dritten Abschnitt zwischen öffentlichen Versammlungen *in geschlossenen Räumen* und öffentlichen Versammlungen *unter freiem Himmel.* Der Anwendungsbereich des Versammlungsgesetzes ist – mit Ausnahme der §§ 3, 21, 28 VersG – auf *öffentliche* Versammlungen beschränkt. Im Falle von öffentlichen Versammlungen *in geschlossenen Räumen* regeln die §§ 5, 13 VersG Verbot und Auflösung. Bei öffentlichen Versammlungen *unter freiem Himmel* sind die entsprechenden Eingriffsbefugnisse in § 15 Abs. 1, 3 VersG normiert. In den meisten Klausuren werden sie allein mit diesen Befugnisnormen konfrontiert.

---

1. Anwendbarkeit des Versammlungsgesetzes

Dazu müsste das Versammlungsgesetz freilich überhaupt anwendbar sein. Da der nordrhein-westfälische Gesetzgeber noch keinen Gebrauch von seiner ihm durch die Föderalismusreform eingeräumten Gesetzgebungskompetenz im Bereich des Versammlungsrechts gemacht hat, gilt dort das Versammlungsgesetz des Bundes fort, Art. 125a Abs. 1 Satz 1 GG.

Klausurhinweis: Anders ist die Rechtslage in Bayern. Dort gilt das *Bayerische Versammlungsgesetz* vom 22.7.2008, das das Versammlungsgesetz des Bundes ersetzt hat, Art. 125a Abs. 1 Satz 2 GG.

Das Versammlungsgesetz des Bundes ist somit anwendbar.

2. Öffentliche Versammlung

Die Anwendbarkeit des Versammlungsgesetzes setzt zweitens voraus, dass eine öffentliche Versammlung stattfand.

a) Dazu müsste es sich bei der Zusammenkunft der ca. 200 Menschen vor der Bühne der EDP zunächst um eine Versammlung handeln. Eine *Versammlung* i.S.d. Art. 8 Abs. 1 GG, § 1 Abs. 1 VersG ist die Zusammenkunft mehrerer Personen zur Verfolgung eines gemeinsamen Zwecks.[123]

Klausurhinweis: Der Versammlungsbegriff des Versammlungsgesetzes stimmt zwar nicht eins-zu-eins mit dem des Art. 8 Abs. 1 GG überein. Die Unterschiede (z.b. dass das Versammlungsgesetz nur die *öffentliche* Versammlung regelt und nicht nur *Deutschen,* sondern auch *Ausländern* erlaubt, sich zu versammeln) wirken sich hier aber nicht aus, sodass in der Lösung nicht auf die unterschiedlichen Versammlungsbegriffe einzugehen ist.

---

aa) Welche Anforderungen dabei an den gemeinsamen Zweck zu stellen sind, ist heftig umstritten:

Nach dem **weiten Versammlungsbegriff** liegt eine Versammlung bereits dann vor, wenn sich die Teilnehmer zur Verfolgung irgendeines beliebigen Zwecks zusammenschließen.

Die Vertreter des **erweiterten Versammlungsbegriffs** verlangen für das Vorliegen einer Versammlung, dass die Teilnehmer gerade zum Zwecke der *gemeinsamen Meinungsbildung und -äußerung* zusammenkommen. Unerheblich ist, in welcher Angelegenheit dies erfolgt.

Der vom Bundesverfassungsgericht vertretene **enge Versammlungsbegriff** setzt ebenfalls eine *Meinungsbildung und -äußerung* voraus.[124] Diese muss sich allerdings um *öffentliche Angelegenheiten* drehen.[125]

bb) Vorliegend wollen ca. 200 Menschen durch ihre spontane Zusammenkunft ihren Unmut über die politische Ausrichtung und Kundgebung der EDP äußern. Bei einer solch' politischen Zusammenkunft handelt es sich ohne Weiteres um Meinungsbildung und -äußerung in öffentlichen Angelegenheiten, sodass nach allen Ver-

---

[123] *Pieroth/Schlink/Kniesel,* POR, 7. Aufl. 2012, § 20, Rn. 6.
[124] BVerfGE 104, 92 (104).
[125] Vgl. *Meßmann,* JuS 2007, 524 (525).

sammlungsbegriffen eine Versammlung i.S.d. Art. 8 GG vorliegt. Eine Streitentscheidung ist daher nicht erforderlich.

b) Weiterhin müsste es sich auch um eine *öffentliche* Versammlung handeln, da der Anwendungsbereich des Versammlungsgesetzes grundsätzlich auf öffentliche Versammlungen beschränkt ist. Eine Versammlung ist dann öffentlich, wenn die Teilnahme jedermann möglich ist. Dies war bei der spontanen Zusammenkunft der EDP-Gegner anlässlich der EDP-Veranstaltung der Fall. Eine öffentliche Versammlung liegt daher vor.

Klausurhinweis: Sie können diese Frage auch erst im Rahmen der materiellen Rechtmäßigkeit prüfen. Dafür spricht, dass die Prüfung nicht so kopflastig wird. Andererseits kommen Rechtsgrundlagen aus dem Versammlungsgesetz gar nicht erst in Betracht, wenn keine öffentliche Versammlung vorliegt. Aus diesem Grund sollten Sie besser schon an dieser Stelle des Gutachtens feststellen, dass eine *Versammlung* und keine *Ansammlung* vorliegt.

---

3. Verbot einer öffentlichen Versammlung, §§ 5, 15 Abs. 1 VersG

Als Rechtsgrundlagen könnten die §§ 5, 15 Abs. 1 VersG in Betracht kommen. T selbst spricht von einem Verbot, das erlassen wurde und gegen das er sich gerichtlich zur Wehr setzen möchte. Dies könnte darauf hindeuten, dass die §§ 5, 15 Abs. 1 VersG herangezogen wurden. Denn die beiden Normen ermächtigen zum Verbot von öffentlichen Versammlungen, sei es in geschlossenen Räumen (§ 5 VersG), sei es unter freiem Himmel (§ 15 Abs. 1 VersG).

Dann müsste es sich bei der Maßnahme der Kreispolizeibehörde jedoch um ein Verbot gehandelt haben. Dies ist indes nicht der Fall. Das Verbot ist eine behördliche Maßnahme *vor* Beginn der Versammlung. Die Versammlung war hier allerdings schon im Gange. Sie wurde daher nicht verboten, sondern aufgelöst.

Klausurhinweis: Auch wenn es Ihnen banal erscheinen mag, sollten Sie aus klausurtaktischen Gründen kurz auf diese Frage eingehen. Warum? Weil T laut Sachverhalt von einem Verbot ausgeht. Erklären Sie dem Korrektor also in aller Kürze, was rechtsdogmatisch der Unterschied zwischen Verbot und Auflösung einer öffentlichen Versammlung ist.

4. Auflösung einer öffentlichen Versammlung unter freiem Himmel, § 15 Abs. 3 VersG

In Betracht kommt also die Auflösung der Versammlung auf der Grundlage von § 15 Abs. 3 VersG, da es sich hier um eine räumlich offene Versammlung und damit um eine Versammlung unter freiem Himmel handelte.

II. Formelle Rechtmäßigkeit

Die Auflösungsverfügung müsste formell rechtmäßig sein. Sie ist formell rechtmäßig, wenn die Vorschriften über die Zuständigkeit (dazu 1.), das Verfahren (dazu 2.) und die Form (dazu 3.) gewahrt wurden.

1. Zuständigkeit

Zuständige Behörde für Maßnahmen nach § 15 VersG ist die Kreispolizeibehörde, § 1 nwVersammlungsgesetz-Zuständigkeitsverordnung. Das ist hier das Polizeipräsidium, § 2 Abs. 1 Nr. 1 nwPOG.

> **Klausurhinweis:** § 15 Abs. 3 VersG spricht von der zuständigen Behörde, die eine Versammlung auflösen kann. Die Länder müssen dann bestimmen, wer die „zuständige Behörde" in diesem Sinne sein soll. Dies steht regelmäßig in sog. Versammlungsgesetz-Zuständigkeitsverordnungen. Vgl. z.B. auch § 1 bwVersammlungsgesetz-Zuständigkeitsverordnung.

Die örtliche Zuständigkeit der sachlich zuständigen Kreispolizeibehörde ergibt sich aus § 7 Abs. 1 nwPOG. Hier ist das Polizeipräsidium Köln örtlich zuständig.

2. Verfahren

Fraglich ist, ob die Allgemeinverfügung ohne Verstoß gegen Verfahrensvorschriften erlassen wurde; denn vor Erlass eines Verwaltungsakts ist gemäß § 28 Abs. 1 nwVfVfG grundsätzlich eine Anhörung erforderlich.

Diese könnte hier jedoch entbehrlich gewesen sein. Dies richtet sich nach § 28 Abs. 2 nwVwVfG. Dort ist geregelt, wann von einer Anhörung abgesehen werden kann.

a) Hier könnte *Gefahr im Verzug* bestanden haben, § 28 Abs. 2 Nr. 1 nwVwVfG. Dies setzt voraus, dass durch die vorherige Anhörung auch bei Gewährung kürzester Anhörungsfristen ein Zeitverlust einträte, der mit hoher Wahrscheinlichkeit zur Folge hätte, dass der Zweck der zu treffenden Regelung nicht erreicht wird. Davon wird man mit Blick auf die drohende Eskalation hier ausgehen dürfen. Die Polizei musste sofort handeln, um die drohende Eskalation zu verhindern.

b) Da eine Allgemeinverfügung erlassen wurde, greift zudem die Ausnahmebestimmung des § 28 Abs. 2 Nr. 4 nwVwVfG ein.

c) Somit bedurfte es keiner Anhörung gemäß § 28 Abs. 1 nwVwVfG.

3. Form

Ein Verwaltungsakt kann nach § 37 Abs. 2 Satz 1 nwVwVfG auch mündlich ergehen.

4. (Zwischen-)Ergebnis

Die Auflösungsverfügung ist somit formell rechtmäßig.

III. Materielle Rechtmäßigkeit

Die materielle Rechtmäßigkeit ist zu bejahen, wenn die Tatbestandsmerkmale der Rechtsgrundlage erfüllt sind. Es müsste also *ein Auflösungsgrund* gemäß § 15 Abs. 3 VersG vorliegen. Danach kann die zuständige Behörde „eine Versammlung oder einen Aufzug auflösen, wenn sie nicht angemeldet sind, wenn von den Angaben der Anmeldung abgewichen oder den Auflagen zuwidergehandelt wird oder wenn die Voraussetzungen zu einem Verbot nach Absatz 1 oder 2 gegeben sind."

1. Fehlende Anmeldung

Hier kommt zunächst eine fehlende Anmeldung der Versammlung in Betracht. Denn öffentliche Versammlungen unter freiem Himmel müssen 48 Stunden vor ihrer Ankündigung angemeldet werden, § 14 VersG. Dieser gesetzlichen Pflicht wurde vorliegend nicht nachgekommen, sodass die tatbestandlichen Voraussetzungen des § 15 Abs. 3 VersG an sich vorliegen.

Fraglich ist indes, ob es bei diesem Ergebnis sein Bewenden haben kann. Schließlich entstand die Versammlung ohne Planung und Vorbereitung aus einem aktuellen Anlass heraus. Bei einer solchen sog. *Spontanversammlung* könnte eine verfassungskonforme Auslegung des § 14 VersG angezeigt sein. Denn auch eine Spontanversammlung genießt den Schutz des Art. 8 GG. In Art. 8 Abs. 1 GG wiederum heißt es, dass alle Deutschen das Recht haben, „sich ohne Anmeldung oder Erlaubnis friedlich und ohne Waffen zu versammeln." Zudem gibt es bei Spontanversammlungen typischerweise gar keinen Veranstalter, der die versammlungsgesetzliche Pflicht zur Anmeldung erfüllen könnte.

Vor diesem Hintergrund hat das Bundesverfassungsgericht entschieden, dass die Anmeldepflicht des § 14 VersG bei Spontanversammlungen verzichtbar sei.[126] Diese Entscheidung überzeugt; denn andernfalls wären Spontanversammlungen schlechterdings nicht mehr durchführbar.

Auf die fehlende Anmeldung kann hier folglich eine Auflösungsverfügung gemäß § 15 Abs. 3 VersG nicht gestützt werden.

Klausurhinweis: Diesem Problem können Sie auch im Rahmen von *Eilversammlungen* begegnen. Eine Eilversammlung wird zwar ebenfalls aus einem aktuellen Anlass heraus kurzfristig angesetzt, kann aber noch vorbereitet und organisiert werden. Auch bei einer Eilversammlung wird es vielfach unmöglich sein, die Pflicht des § 14 VersG ohne Gefährdung des Versammlungszwecks zu erfüllen. Weil selbstredend auch die Eilversammlung den Schutz des Art. 8 GG genießt, hat das Bundesverfassungsgericht die Frist von 48 Stunden in diesen Fällen für verkürzbar gehalten.[127] Die Anmeldepflicht soll im Übrigen dazu dienen, den zuständigen Behörden die nötigen Informationen zukommen zu lassen, damit diese einen reibungslosen Verlauf der Versammlung gewährleisten können. Die Versammlungsbehörde soll in die Lage versetzt werden, die nötigen Vorkehrungen (z.B. Straßensperrungen) zu treffen, damit die Versammlung ohne Hindernisse durchgeführt werden kann. Die Auflösung einer Versammlung nur aufgrund einer fehlenden Anmeldung ist dem Bundesverfassungsgericht zufolge nicht zulässig. Denn bei *bloß formeller Rechtswidrigkeit* dürfe der Freiheitsgebrauch des Art. 8 GG nicht eingeschränkt werden.

---

[126] BVerfGE 69, 315 (351).
[127] BVerfGE 85, 69 (75).

2. Unmittelbare Gefahr für die öffentliche Sicherheit oder Ordnung

In Betracht kommt eine Auflösung der Versammlung unter dem Gesichtspunkt der unmittelbaren Gefahr für die öffentliche Sicherheit oder Ordnung i.S.d. § 15 Abs. 1 VersG, auf den § 15 Abs. 3 Var. 4 VersG verweist.

a) Hier könnte die *öffentliche Sicherheit* in Gefahr geraten sein. Unter der öffentlichen Sicherheit versteht man die Unverletzlichkeit der Rechtsordnung, der subjektiven Rechte und Rechtsgüter des Einzelnen und des Bestandes des Staates und der Einrichtungen und Veranstaltungen des Staates und sonstiger Träger der Hoheitsgewalt.

Vier Teilnehmer der Versammlung der EDP-Gegner waren hier im Begriff, die Bühne zu stürmen und den Redner der EDP anzugreifen, und zwar mit Glasflaschen. Sie waren also kurz davor, Straftaten jedenfalls nach den §§ 223 ff. StGB, unter Umständen sogar nach den §§ 211 ff. StGB zu begehen. Die *objektive Rechtsordnung* war mithin betroffen.

Darüber hinaus sind mit den Rechtsgütern Leben und Gesundheit *subjektive Rechtsgüter* des Redners betroffen.

b) Die öffentliche Sicherheit müsste *unmittelbar* gefährdet gewesen sein. Eine Gefahr liegt vor, wenn eine Sachlage oder ein Verhalten bei ungehindertem Ablauf des zu erwartenden Geschehens mit hinreichender Wahrscheinlichkeit ein polizeilich geschütztes Rechtsgut schädigen wird.[128]

Was unter einer *unmittelbaren* Gefahr i.S.d. § 15 Abs. 1 VersG zu verstehen ist, ist heftig umstritten:

Nach **einer Ansicht** soll eine Gefahr dann unmittelbar sein, wenn der drohende Schadenseintritt so nahe ist, dass er jederzeit, unter Umständen sofort, eintreten kann.[129] Die unmittelbare Gefahr stelle also eine – im Vergleich zur „gewöhnlichen" konkreten Gefahr – zeitbezogene Qualifizierung dar. Indem die vier Teilnehmer kurz davor waren, die Bühne zu stürmen, lag hier gewiss eine unmittelbare Gefahr i.d.S. vor.

---

[128] *Pieroth/Schlink/Kniesel*, POR, 7. Aufl. 2012, § 4 Rn. 2.
[129] *Dietel/Gintzel/Kniesel*, Versammlungsgesetz, 16. Aufl. 2011, § 15, Rn. 28.

Nach einer **anderen Ansicht** liege eine unmittelbare Gefahr vor, wenn eine *hohe Wahrscheinlichkeit des Schadenseintritts* besteht. Danach handele es sich also um eine verwirklichungsbezogene Qualifizierung des Gefahrbegriffs. Davon, dass im vorliegenden Fall ein Schaden eintreten wird, war mit hoher Wahrscheinlichkeit auszugehen, da die vier Gewalttäter im Begriff waren, den Redner tätlich anzugreifen.

Beide Ansichten führen hier zum gleichen Ergebnis, das ist das Vorliegen einer unmittelbaren Gefahr, sodass der Streit nicht entschieden werden muss, wenngleich die zuletzt genannte Ansicht vorzugswürdig ist, weil sich § 15 Abs. 1 VersG entnehmen lässt, dass es nicht auf die zeitliche Nähe des Schadenseintritts ankommen kann.

3. Pflichtigkeit

Fraglich ist, ob die Polizei durch die Auflösung der gesamten Versammlung auch den bzw. die richtigen Verantwortlichen in Anspruch genommen hat.

a) Die Frage der Verantwortlichkeit ist im Versammlungsgesetz nicht geregelt, sodass diesbezüglich auf die allgemeinen polizei- und ordnungsrechtlichen Grundsätze zurückgegriffen werden kann. Die versammlungsbehördliche Maßnahme muss sich also gegen einen tauglichen Störer i.S.d. POR richten. Nichtstörer dürfen nur im polizeilichen Notstand herangezogen werden.

> **Klausurhinweis:** Beachten Sie, dass das Versammlungsgesetz bei versammlungsspezifischen Gefahren grundsätzlich abschließend und insofern lex specialis zum allgemeinen POR ist. Ausnahmen werden nach einer t.v.A. dann gemacht, wenn es um die sog. Minus-Maßnahmen geht (also z.B. die Beschlagnahme von Spruchbändern anstelle der Auflösung einer Versammlung gemäß § 15 Abs. 3 VersG). In diesen Fällen soll allein das allgemeine POR zur Anwendung gelangen.[130] In Bezug auf Fragen, zu denen sich das lex specialis nicht äußert wie hier zur Pflichtigkeit, kann ohne Weiteres auf die Vorschriften des POR zurückgegriffen werden.

---

[130] Vgl. dazu auch BVerwGE 64, 55 ff. Das Bundesverwaltungsgericht präferiert jedoch eine Lösung, wonach § 15 Abs. 3 VersG den Tatbestand bildet und nur die Rechtsfolgen aus dem allgemeinen POR zu entnehmen sind.

b) Problematisch könnte hier sein, dass T – ebenso wie die große Mehrheit der übrigen Teilnehmer – in friedlicher Weise an der Versammlung teilgenommen hat und nur vier EDP-Gegner den Redner angreifen wollten.

Wenn bei einer Versammlung sowohl friedliche als auch unfriedliche Teilnehmer beteiligt sind, darf den friedlichen Teilnehmern nicht allein aufgrund des Zusammentreffens mit den nicht friedlichen Teilnehmern der Grundrechtsschutz verwehrt werden. Andernfalls nämlich hätten es bereits wenige gewalttätige Teilnehmer in der Hand, die Versammlung einer großteils friedlichen Mehrheit gleichsam zum „Umkippen" zu bringen, mit der Folge, dass auch den friedlichen Teilnehmern ihre verfassungsrechtlich gewährleistete Versammlungsfreiheit genommen wird.

M.a.W. werden T und die übrigen friedlichen Versammlungsteilnehmer nicht zu Störern, weil sich in ihrer Mitte wenige Verhaltensstörer i.S.d. § 4 Abs. 1 nwPolG befinden.

c) Die friedlichen Teilnehmer konnten daher nur unter der Voraussetzung des *polizeilichen Notstands* in Anspruch genommen werden.

Klausurhinweis: Im Versammlungsrecht und damit auch in versammlungsrechtlichen Klausuren werden häufig Nichtstörer in Anspruch genommen, wenn eine Gegendemonstration stattfindet, die sich z.B. gegen eine angemeldete Demonstration (links- oder rechts-)extremer Gruppierungen wendet. In diesen Konstellationen kann es die polizeiliche Lage erfordern, dass die friedliche Demonstration aufgelöst werden muss, obwohl es die Gegendemonstranten sind, die eine Eskalation der Lage herbeiführen.[131]

Dazu müssten die Voraussetzungen des § 6 Abs. 1 nwPolG[132] vorgelegen haben.

---

[131] Vgl. dazu den Fall 5 in *Schoch*, Übungen im Öffentlichen Recht II, 1992.

[132] § 9 bwPolG; Art. 10 bayPAG; § 16 berlASOG; § 7 bbgPolG; § 7 bremPolG; § 9 bwPolG; § 10 hambSOG; § 9 hessSOG; § 71 mvSOG; § 8 ndsSOG; § 7 rpPOG; § 6 saarlPolG; § 7 sächsPolG; § 10 saSOG; § 220 shLVwG; § 10 thürPAG.

aa) § 6 Abs. 1 Nr. 1 nwPolG verlangt zunächst eine *gegenwärtige erhebliche Gefahr*. Eine gegenwärtige erhebliche Gefahr liegt vor, wenn die Schädigung des Schutzguts bereits eingesetzt hat bzw. unmittelbar bevorsteht und ein bedeutsames Rechtsgut bedroht ist.[133] Im vorliegenden Fall waren die vier gewaltsamen Teilnehmer kurz davor, auf den Redner der EDP mit Flaschen einzuschlagen. Die Gefahr war somit gegenwärtig. Da die Rechtsgüter Leben und Gesundheit des Redners gefährdet waren, handelte es sich auch um eine erhebliche Gefahr.

bb) Weiterhin dürfen Maßnahmen gegen die nach den §§ 4 und 5 Verantwortlichen nicht oder nicht rechtzeitig möglich sein oder keinen Erfolg versprechen, § 6 Abs. 1 Nr. 2 nwPolG.

Störer waren nur die vier gewalttätigen und damit „unfriedlichen" Teilnehmer, weil sie mit ihrem Verhalten die öffentliche Sicherheit gefährdeten. Die Polizei hätte daher zunächst gegen diese vorgehen müssen. Fraglich ist jedoch, ob eine Inanspruchnahme der vier möglich und erfolgversprechend war.

Hier kamen Maßnahmen gegen die Angreifer nach § 18 Abs. 3 VersG in Betracht. Danach kann die Polizei Teilnehmer, welche die Ordnung gröblich stören, von der Versammlung ausschließen. Wer aus der Versammlung ausgeschlossen wird, hat sie sofort zu verlassen, § 18 Abs. 1 i.V.m. § 11 Abs. 2 VersG.

Zu prüfen ist, ob die vier Gewalttäter die Ordnung *gröblich gestört* haben. Schutzgut ist der ordnungsgemäße Ablauf der Versammlung i.S.d. selbstbestimmten inneren Ordnung. Auch wenn ein Schutz nur vor gröblichen Störungen besteht, also vor Verhaltensweisen, die eine besonders schwere Beeinträchtigung des Verlaufs der Veranstaltung darstellen,[134] liegt eine solche hier doch vor; denn die Begehung von Straftaten, sei es im Inneren der Versammlung, sei es gegenüber Passanten oder Teilnehmern einer anderen Versammlung, stellt stets eine gröbliche Störung dar.[135] Die tatbestandlichen Voraussetzungen des § 18 Abs. 3 VersG lagen also vor.

---

[133] *Schoch*, POR,in: Schmidt-Aßmann/Schoch, Besonderes Verwaltungsrecht, 14. Aufl. 2008, 2. Kap., Rn. 181.

[134] *Dietel/Gintzel/Kniesel*, Versammlungsgesetz, 16. Aufl. 2011, § 15, Rn. 32.

[135] *Pieroth/Schlink/Kniesel*, POR, 7. Aufl. 2012, § 22, Rn. 9 f.

Folglich waren Maßnahmen gegen die Störer möglich. Es liegen auch keine Anhaltspunkte dafür vor, dass die Ausschließung keinen Erfolg versprochen hätte. Die gewaltbereiten Teilnehmer haben sich ersichtlich als solche zu erkennen gegeben und sich so von den friedlichen Teilnehmern separiert. Dafür, dass sich unter den Teilnehmern der Spontanversammlung noch weitere gewaltbereite Teilnehmer befanden, ist nichts ersichtlich.

Wenn einzelne, identifizierbare Täter für die Unfriedlichkeit der Versammlung verantwortlich sind, muss die Polizei ihre Maßnahmen gerade und ausschließlich gegen diese treffen.[136]

Die Voraussetzung des § 6 Abs. 1 Nr. 2 nwPolG liegt somit nicht vor. Die Inanspruchnahme der Nichtstörer war somit rechtswidrig.

4. (Zwischen-)Ergebnis

Die Auflösungsverfügung ist folglich materiell rechtswidrig gewesen.

IV. (Zwischen-)ergebnis

Die Auflösungsverfügung der Polizei ist somit rechtswidrig gewesen, und T ist dadurch in seinem Grundrecht auf Versammlungsfreiheit aus Art. 8 Abs. 1 GG[137] verletzt worden.

Die Klage ist somit auch begründet.

C. Ergebnis

Die Klage des T hat folglich Aussicht auf Erfolg, da sie zulässig und begründet ist.

---

[136] *Depenheuer*, in: Maunz/Dürig, Grundgesetz, 2006, Art. 8, Rn. 93, m.w.N.

[137] T wurde hier nicht selbst „unfriedlich", da er den Gewalttätern nicht bewusst den Schutz der Masse hat angedeihen lassen. Er kann sich daher auf Art. 8 Abs. 1 GG berufen. Vgl. *Depenheuer*, a.a.O., Art. 8, Rn. 85, 94.

Fall 9: *Der unzuverlässige Gastwirt*

▸ **Standort:** Gewerberecht; Gaststättenrecht; Widerruf einer Gaststättenerlaubnis; Unzuverlässigkeit eines Gewerbetreibenden

Hans Lässig (L) betreibt in seinem Heimatdorf eine Schankwirtschaft, hinsichtlich derer er die erforderliche Gaststättenerlaubnis nach § 2 Abs. 1 Satz 1 GastG besitzt. Anfangs war die Eckkneipe ein voller Erfolg und warf viel Gewinn für L ab. Nach einiger Zeit verschlechterte sich seine finanzielle Situation jedoch kontinuierlich; denn die Einwohner seines Heimatdorfes gingen mehr und mehr in die neue schicke Schankwirtschaft „Zum fröhlichen Zecher" ganz in der Nähe.

L überlegte sich daher Anfang des Jahres 2011 eine Möglichkeit, trotz des nur noch geringen Umsatzes seiner Kneipe gleichwohl seinen Gewinn zu steigern, um über die Runden zu kommen. Er beschloss, zukünftig die Arbeitnehmeranteile für die Sozialversicherung nicht mehr an die zuständigen Stellen zu entrichten.

Mitte des Jahres 2012 schließlich bekommt die zuständige Gaststättenbehörde Kenntnis von dieser Verhaltensweise. Denn L wurde u.a. wegen dieses Verhaltens zu einer Geldstrafe verurteilt. Gegenstand des Strafurteils waren auch zwei Körperverletzungen, die L seiner Ehefrau durch Schläge im Rahmen von Streitigkeiten in der gemeinsamen Ehewohnung zufügte. Der zuständige Sachbearbeiter der Gaststättenbehörde ist aufrichtig empört und widerruft nach Anhörung des L dessen Gaststättenerlaubnis nach § 15 Abs. 2 GastG unter Berufung auf den strafgerichtlich festgestellten Sachverhalt.

L ist der Ansicht, dass ein Widerruf hier nicht rechtens sei, da seine Verstöße nicht so gravierend seien. Schließlich habe er nur seine Ehefrau geschlagen und die gehe – was zutrifft – nie in seine Kneipe. Überhaupt frage er sich, was der Vorfall in seiner Ehewohnung mit seiner Gaststättenerlaubnis zu tun habe. Was den anderen Vorfall anbelangt, sei ein Widerruf vollkommen unangemessen, da sich daraus gar keine Gefahr für Leib oder Leben seiner Angestellten oder Gäste ergeben hätte.

War der Widerruf der Gaststättenerlaubnis rechtmäßig?

Bearbeitervermerk: Der Fall ist nach dem Landesrecht von Nordrhein-Westfalen zu lösen.

I. Rechtsgrundlage
II. Formelle Rechtmäßigkeit
1. Zuständigkeit
2. Verfahren
3. Form
4. (Zwischen-)Ergebnis
III. Materielle Rechtmäßigkeit
1. Versagungsgrund gemäß § 4 Abs. 1 Satz 1 Nr. 1 GastG
2. Nach Erlaubniserteilung eingetretene Tatsachen
3. Erheblichkeit der Verstöße
4. Ermessen
5. Grundsatz des geringstmöglichen Eingriffs
6. (Zwischen-)Ergebnis
IV. Ergebnis

Vorüberlegung: Dieser einfache Fall aus dem Gaststättenrecht als Bestandteil des besonderen Ordnungsrechts weist die bekannte Prüfungsreihenfolge auf:
   1) Rechtsgrundlage
   2) Formelle Rechtmäßigkeit
   3) Materielle Rechtmäßigkeit

Unerlässlich für die Lösung des Falles ist die Kenntnis der Systematik des § 15 GastG. Außerdem muss erkannt werden, dass § 15 GastG hier lex specialis im Verhältnis zu § 35 GewO ist.

Der Widerruf der Gaststättenerlaubnis war rechtmäßig, wenn er auf eine taugliche Rechtsgrundlage gestützt werden kann (dazu I.), er formell (dazu II.) und materiell (dazu. III) rechtmäßig war.

I. Rechtsgrundlage

Da der Widerruf der Gaststättenerlaubnis einen Eingriff in Freiheit und Eigentum des L darstellt, ist für diese Maßnahme der Exekutive aufgrund des rechtsstaatlichen Gesetzesvorbehalts eine Rechtsgrundlage erforderlich.

Als Rechtsgrundlage könnte hier § 15 Abs. 2 GastG in Betracht kommen; denn laut Sachverhalt hat die Behörde ihre freiheitsbeschränkende Maßnahme auf diese Norm gestützt. § 15 Abs. 2 GastG ermächtigt die Behörde zum Widerruf einer Gaststättenerlaubnis, wenn nach deren Erteilung Tatsachen eintreten, die die Versagung der Erlaubnis nach § 4 Abs. 1 Satz 1 GastG rechtfertigen würden.

Exkurs: Systematik des § 15 GastG

1) § 15 Abs. 1 GastG
Zwingende Rücknahme der Erlaubnis („ist zurückzunehmen"),
wenn ohne Kenntnis der Behörde bereits im Zeitpunkt der Erteilung der Gaststättenerlaubnis Versagungsgründe nach § 4 Abs. 1
Satz 1 Nr. 1 (sog. Alttatsachen) vorlagen. Keine Rolle spielt es, ob
die Tatsachen der Behörde bei Ausschöpfung des Untersuchungs-
grundsatzes hätten bekannt sein müssen. Eine bewusste Fehlentscheidung der Behörde in Bezug auf die Erteilung der Erlaubnis
wird von § 15 Abs. 1 GastG indes nicht erfasst. Die Erlaubnis war
somit *von Anfang an* rechtswidrig. § 48 LVwVfG ist nach h.M.
daneben anwendbar.

2) § 15 Abs. 2 GastG
Zwingender Widerruf der Erlaubnis („ist zu widerrufen"), wenn
nach deren Erteilung Tatsachen eintreten, die die Versagung der
Erlaubnis nach § 4 Abs. 1 Satz 1 GastG rechtfertigen würden.
Die Erlaubnis wird also *nachträglich* rechtswidrig. Nach h.M. ist
§ 15 Abs. 2 abschließend, sodass § 49 LVwVfG daneben nicht anwendbar ist.

3) § 15 Abs. 3 GastG
In das Ermessen der Behörde gestellter Widerruf („kann [!] widerrufen werden"), wenn nach der Erteilung der Erlaubnis bestimmte,
in § 15 Abs. 3 GastG näher beschriebene Umstände eintreten, die
Verstöße gegen gaststättenrechtliche Bestimmungen darstellen.
§ 15 Abs. 3 GastG ist nach h.M. ebenfalls abschließend, mit der
Folge, dass § 49 LVwVfG daneben nicht anwendbar ist.[138]

Eine etwaige Unzuverlässigkeit des L und damit ein Grund, der eine Versagung der Erlaubnis gemäß § 4 Abs. 1 Satz 1 Nr. 1 GastG
rechtfertigen würde, trat erst *nach Erteilung der Erlaubnis* ein. Zum
Zeitpunkt der Erteilung gab es demgegenüber noch keine Anhaltspunkte für eine mögliche Unzuverlässigkeit von L.

Die Gaststättenbehörde hat somit mit § 15 Abs. 2 GastG die richtige Rechtsgrundlage gewählt.

---

[138] Zur Anwendbarkeit der §§ 48 f. LVwVfG *Metzner*, GastG, 6. Aufl.
2002, § 15, Rn. 38 ff.

> **Klausurhinweis:** Das Recht der Gaststätten ist seit der Föderalismusreform gemäß Art. 74 Abs. 1 Nr. 11 GG Gegenstand der Gesetzgebungskompetenz der Länder. Solange diese davon jedoch keinen Gebrauch machen, gilt die bundesgesetzliche Regelung nach Art. 125a Abs. 1 GG fort. Nordrhein-Westfalen hat von seiner Kompetenz zum Erlass eines eigenen Gaststättengesetzes bis zum heutigen Tage noch keinen Gebrauch gemacht.

II. Formelle Rechtmäßigkeit

Der Widerruf war formell rechtmäßig, wenn die Vorschriften über die Zuständigkeit (dazu 1.), das Verfahren (dazu 2) und die Form (dazu 3.) eingehalten wurden.

1. Zuständigkeit

Laut Sachverhalt hat die zuständige Gaststättenbehörde gehandelt. Zuständige Gaststättenbehörde ist hier die Erlaubnisbehörde.[139]

> **Klausurhinweis:** Weil Sie dies nicht wissen müssen, spricht der Sachverhalt von der „zuständigen Gaststättenbehörde". Wer zufällig weiß, dass dies *die Erlaubnisbehörde* ist, darf und sollte mit diesem Wissen nicht hinter dem Berg halten.

2. Verfahren

Zu prüfen ist, ob die behördliche Maßnahme ohne Verstoß gegen Verfahrensvorschriften erlassen wurde. Der Widerruf einer Gaststättenerlaubnis ist ohne Weiteres als Verwaltungsakt gemäß § 35 nwVwVfG zu qualifizieren. Daher ist dem Adressaten vor dem Widerruf Gelegenheit zu geben, sich zu den entscheidungserheblichen Tatsachen zu äußern, § 28 Abs. 1 nwVwVfG. Eine solche Anhörung fand hier laut Sachverhalt allerdings statt. Somit wurden die Verfahrensvorschriften eingehalten.

3. Form

Verstöße gegen Formvorschriften sind nicht ersichtlich.

---

[139] *Metzner*, GastG, 2002, § 15, Rn. 67.

4. (Zwischen-)Ergebnis

Somit ist der Widerruf formell ordnungsgemäß erfolgt.

III. Materielle Rechtmäßigkeit

Der Widerruf ist materiell rechtmäßig, wenn die Tatbestandsmerkmale der Rechtsgrundlage erfüllt sind. Zu prüfen ist also, ob nachträglich Tatsachen eingetreten sind, die die Versagung der Erlaubnis nach § 4 Abs. 1 Satz 1 Nr. 1 GastG rechtfertigen würden.

1. Versagungsgrund gemäß § 4 Abs. 1 Satz 1 Nr. 1 GastG

Hier könnte der Versagungsgrund nach § 4 Abs. 1 Satz 1 Nr. 1 GastG in Betracht kommen. § 4 Abs. 1 Satz 1 Nr. 1 GastG verlangt von dem Betreiber einer Gaststätte im Sinne des Gaststättengesetzes, dass er zuverlässig ist.

a) Dazu muss zunächst definiert werden, wann ein Antragsteller *zuverlässig* i.S.d. § 4 Abs. 1 Satz 1 Nr. 1 GastG ist.

aa) Bei dem Begriff der Zuverlässigkeit handelt es sich um einen unbestimmten Rechtsbegriff, der weder in der Gewerbeordnung noch im Gaststättengesetz näher definiert wird.

> **Klausurhinweis:** Die zuständige Behörde hat die Aufgabe, den unbestimmten Rechtsbegriff auszufüllen und der richtigen Anwendung in concreto zuzuführen. Ein eigener Beurteilungsspielraum kommt ihr dabei nicht zu. Der unbestimmte Rechtsbegriff der Zuverlässigkeit unterliegt daher der vollen verwaltungsgerichtlichen Überprüfung![140]

bb) Eine gesetzliche Definition des Begriffs der Zuverlässigkeit findet sich in § 3 Abs. 3 Nr. 1 des Güterkraftverkehrsgesetzes (GüKG). Danach ist die Zuverlässigkeit gegeben, wenn der Unternehmer und die zur Führung der Güterkraftverkehrsgeschäfte bestellte Person die Gewähr dafür bieten, dass das Unternehmen den gesetzlichen Bestimmungen entsprechend geführt wird und die Allgemeinheit bei dem Betrieb des Unternehmens vor Schäden oder Gefahren bewahrt bleibt.

---

[140] *Ennuschat*, in: Tettinger/Wank/Ennuschat, GewO, 8. Aufl. 2011, § 35, Rn. 27; *Pöltl*, Gaststättenrecht, 5. Aufl. 2003, § 4, Rn. 12, 18.

cc) Nach der Rechtsprechung des Bundesverwaltungsgerichtes ist ein Gaststättenbetreiber dann unzuverlässig, wenn er nach dem Gesamteindruck seines Verhaltens *nicht die Gewähr dafür bietet, dass er seine Gaststätte künftig ordnungsgemäß betreiben wird.*[141]

Sein Gewerbe betreibt ordnungsgemäß, wer bei der Ausübung seines Gewerbes nicht gegen geltendes Recht verstößt, wobei zum geltenden Recht sämtliche Vorschriften des öffentlichen Rechts und auch des Strafrechts zählen.[142]

Klausurhinweis: § 15 GastG ist gegenüber § 35 GewO die speziellere Norm. Der Begriff der Unzuverlässigkeit in diesen beiden Vorschriften stimmt jedoch überein, sodass die obigen Ausführungen zur Begriffsbestimmung ohne Weiteres auf § 35 Abs. 1 GewO übertragen werden können.

---

dd) Da das Gewerberecht Bestandteil des besonderen Ordnungsrechts und damit Gefahrenabwehrrecht ist, kommt es auf ein *Verschulden* des Gewerbetreibenden nicht an, sodass selbst ein Geschäftsunfähiger im gewerberechtlichen Sinne unzuverlässig sein kann.

ee) Die Aufzählung in § 4 Abs. 1 Satz 1 Nr. 1 GastG ist nicht abschließend, was sich ohne Weiteres aus der Verwendung des Begriffes *„insbesondere"* ergibt. Weil es sich demnach um eine beispielhafte Aufzählung des Gesetzgebers handelt, sind die zuständigen Behörden in praxi nicht gehindert, neben den explizit genannten Fällen weitere Gründe für die Annahme der Unzuverlässigkeit anzuerkennen.

b) Fraglich ist, ob L nach wie vor zuverlässig i.S.d. Gaststättenrechts ist.

Klausurhinweis: Bei der Prüfung der Unzuverlässigkeit sind die folgenden Aspekte abzuarbeiten:
  1) Tatsachen müssen vorliegen, die
  2) Bezug zum ausgeübten oder auszuübenden Gewerbe haben, und
  3) in einer Prognoseentscheidung erwarten lassen,
  4) dass der Gewerbetreibende sein Gewerbe in Zukunft nicht ordnungsgemäß ausüben wird.[143]

---

[141] BVerwGE 65, 1 (2).
[142] *Pöltl*, Gaststättenrecht, 5. Aufl. 2003, § 4, Rn. 38.
[143] *Ziekow*, Öffentliches Wirtschaftsrecht, 2. Aufl. 2010, § 10, Rn. 42.

aa) Es müssten also *Tatsachen* vorliegen. Tatsachen sind solche Vorgänge oder Zustände der Vergangenheit oder Gegenwart, die dem Beweis zugänglich sind.[144] Bloße Vermutungen ohne Tatsachengrundlage reichen also nicht aus.

Im Hinblick auf das Verhalten von L kommen die fehlende Abführung von Sozialversicherungsbeiträgen und die seiner Ehefrau beigebrachten Körperverletzungen als Tatsachen in Betracht, die die Annahme rechtfertigen, dass L die erforderliche Zuverlässigkeit nicht besitzt.

bb) Die Tatsachen müssten *einen Bezug zum ausgeübten Gewerbe* aufweisen; denn die Unzuverlässigkeit ist nicht absolut, sondern stets mit Blick auf das in concreto ausgeübte Gewerbe zu beurteilen. Dabei müssen die Tatsachen freilich nicht im Rahmen des Gewerbebetriebes eingetreten sein. Es reicht vielmehr aus, dass aus ihnen auf die Unzuverlässigkeit im ausgeübten Gewerbe geschlossen werden kann.[145]

Klausurhinweis: Dies soll anhand der folgenden Beispiele verdeutlicht werden:
- Bei *Eigentums- und Vermögensdelikten* ist der Gewerbebezug für alle Gewerbezweige zu bejahen.
- Bei *Straßenverkehrsdelikten* etwa ist hingegen zu differenzieren: Sie sind nur für die einschlägigen Gewerbearten (Taxigewerbe!) von Bedeutung. Im Übrigen sind sie unbeachtlich, es sei denn, dass das Straßenverkehrsdelikt auf übergreifende Charaktermängel schließen lässt.
- Bei Gastwirten indiziert die *unerlaubte Veranstaltung von Glücksspielen* die Unzuverlässigkeit.[146]

Zu prüfen ist daher, ob das Vorenthalten von Sozialversicherungsbeiträgen und die Körperverletzungen einen solchen Gewerbebezug haben.

---

[144] *Ziekow*, a.a.O., § 10, Rn. 43.
[145] *Ennuschat*, in: Tettinger/Wank/Ennuschat, GewO, 8. Aufl. 2011, § 35, Rn. 29.
[146] Vgl. zum Ganzen *Ennuschat*, in: Tettinger/Wank/Ennuschat, GewO, 8. Aufl. 2011, § 35, Rn. 38.

(1) Was das Vorenthalten der Arbeitnehmerbeiträge anbelangt, wird man davon ausgehen müssen, dass in der Tat Verhaltensweisen im Raum stehen, die Bezug zum Gewerbe des L haben; denn das Vorenthalten von Arbeitsentgelt ist gemäß § 266a Abs. 1 StGB strafbar und rechnet zu den Vermögensdelikten.

(2) Fraglich ist, ob dies auch für die Schläge gilt, mit denen L seine Ehefrau traktierte. Dies wird man verneinen müssen. Unerheblich ist zwar, dass die Vorfälle in der Wohnung des L stattfanden; denn entscheidend ist, ob man aus den Vorfällen auf eine *Unzuverlässigkeit im Gewerbe* schließen kann. Dies aber wird man hier nicht annehmen können. Dass L mit seiner Ehefrau streitet, ist zwar nicht seine Privatsache, wenn daraus Straftaten resultieren. Ein Gewerbebezug besteht aber nicht, zumal seine Ehefrau die Schankwirtschaft des L gar nicht besucht. Selbst wenn dies der Fall wäre, spräche nichts dafür, dass dann auch dort mit Schlägen des L zu rechnen wäre. Somit fehlt es in Bezug auf die Schläge am Gewerbebezug.

cc) Da gemäß § 4 Abs. 1 Satz 1 Nr. 1 GastG Tatsachen die Annahme rechtfertigen müssen, beinhaltet die behördliche Entscheidung notwendigerweise eine Prognose. Fraglich ist daher der *Maßstab für die Prognoseentscheidung.*

Man ist sich einig, dass *bloße Zweifel* an der Zuverlässigkeit oder *Vermutungen* nicht ausreichen. Andererseits muss die Behörde auch *keine Gewissheit* in Bezug auf eine spätere Pflichtverletzung haben. Es genügt eine *gewisse Wahrscheinlichkeit.* Von großer Bedeutung ist die *Wertigkeit der bedrohten Schutzgüter* und damit das zu erwartende *Schadensausmaß.*[147]

Klausurhinweis: Wenn Sie sich hier an die *Je-desto-Formel* aus dem allgemeinen Gefahrabwehrrecht erinnert fühlen, liegen Sie ganz richtig. Bei der anzustellenden Prognose, ob eine Gefahr i.S.d. POR vorliegt, stellt diese Formel ein wichtiges Hilfsmittel dar. So wie dort ein beachtliches Schadensausmaß eine geringere Eintrittswahrscheinlichkeit genügen lässt, kann hier die Höhe des drohenden Schadens zu dem Schluss führen, dass der in Rede stehende Gewerbetreibende unzuverlässig ist.

---

[147] *Ennuschat*, in: Tettinger/Wank/Ennuschat, GewO, 8. Aufl. 2011, § 35, Rn. 31.

dd) Fraglich ist, ob nach den gesamten Umständen eine gewisse Wahrscheinlichkeit dafür spricht, dass der L sein Gewerbe zukünftig nicht ordnungsgemäß betreiben wird.

L hat über anderthalb Jahre hinweg keine Sozialversicherungsbeiträge an die Sozialversicherungskassen abgeführt und die vom Lohn einbehaltenen Arbeitnehmeranteile in die eigene Tasche gesteckt.

Aufgrund dieses Verhaltens in der Vergangenheit, das wiederholte und hartnäckige Verstöße gegen das Strafgesetzbuch offenbart hat, ist zu prognostizieren, dass L seine Schankwirtschaft auch in Zukunft nicht ordnungsgemäß führen wird, zumal sich an seiner wirtschaftlichen Situation nichts geändert hat.

Klausurhinweis: Bei folgenden Verhaltensweisen kann die Unzuverlässigkeit im Gaststättenrecht bejaht werden:
- Beschäftigung von *Ausländern ohne Arbeitserlaubnis*
- Unterstützung oder Duldung von *Drogenmissbrauch* in der Gaststätte
- *Grobe Unsauberkeit* (nicht aber bloße Unordnung)
- Störung der Nachbarn durch *Lärm*
- Zulassung der Verbreitung *neonazistischen Gedankenguts*

Ausführlich zur Prostitution *Pöltl,* Gaststättenrecht, 5. Aufl. 2003, § 4, Rn. 51 ff.

---

2. Nach Erlaubniserteilung eingetretene Tatsachen

Die oben beschriebene Tatsache für die Begründung der Unzuverlässigkeit ist auch erst nachträglich eingetreten, d.h. nach Erteilung der Erlaubnis.

3. Erheblichkeit der Verstöße

Als Ausprägung des Grundsatzes der Verhältnismäßigkeit ist zu beachten, dass für die Annahme der Unzuverlässigkeit nur *erhebliche Verstöße* in Betracht kommen. Ein vereinzelter geringer Verstoß gegen geltendes Recht reicht grundsätzlich nicht aus.[148]

---

[148] *Pöltl*, Gaststättenrecht, 5. Aufl. 2003, § 15, Rn. 39.

Fraglich ist, ob die Ansicht von L zutrifft, wonach eine Gefahr für Leben oder wenigstens Gesundheit von Menschen existieren müsse, um den Gebrauch des scharfen Schwertes des Widerrufs einer Gaststättenerlaubnis nach § 15 Abs. 2 GastG zu rechtfertigen. Wäre dies der Fall, dann könnte in der Tat ein Widerruf nicht rechtmäßig erfolgen, da die hier allein in Betracht kommende Tatsache des Vorenthaltens von Arbeitsentgelt keine solche Gefahr begründet.

Die Auffassung des L ist indes zurückzuweisen. Ein erheblicher Verstoß im o.g. Sinne liegt nicht nur vor, wenn Leib und Leben von Menschen bedroht werden. Für eine solche Beschränkung der ordnungsbehördlichen Befugnisse aus § 15 GastG gibt es erstens keine Anhaltspunkte im Normtext selbst. Zweitens lässt sie sich auch nicht unter Hinweis auf den Grundsatz der Verhältnismäßigkeit begründen. Es ist nichts dafür ersichtlich, dass die Rücknahme oder der Widerruf einer Gaststättenerlaubnis unverhältnismäßig wäre, wenn z.b. schwere Verstöße gegen Vorschriften zum Schutz anderer Rechtsgüter als Leib oder Leben von Menschen zu besorgen sind.

Zu prüfen ist daher, ob die Verstöße des L *erheblich* waren. Dies wird man bejahen müssen; denn L hat anderthalb Jahre lang die Arbeitnehmeranteile an der Sozialversicherung nicht ordnungsgemäß abgeführt. Dies kann nicht mehr als unerhebliche Verletzung seiner Pflichten als Gewerbetreibender qualifiziert werden.

4. Ermessen

§ 15 Abs. 2 GastG gewährt der zuständigen Behörde keinerlei Ermessen, wenn die tatbestandlichen Voraussetzungen erfüllt sind. Die Erlaubnis war daher *zwingend* zu widerrufen.

5. Grundsatz des geringstmöglichen Eingriffs

Da Rücknahme und Widerruf der Erlaubnis die Berufsfreiheit stärker beschränken als alle anderen gewerberechtlichen Mittel, dürfen sie nicht angewendet werden, wenn eine weniger eingriffsintensive Maßnahme voraussichtlich bewirkt, dass das Gewerbe künftig ordnungsgemäß ausgeübt wird. Dieser Grundsatz des geringstmöglichen Eingriffs als Ausfluss des Verhältnismäßigkeitsgrundsatzes ist auch bei einer Entscheidung gemäß § 15 Abs. 2 GastG auf der Rechtsfolgenseite zu beachten, obwohl dort kein Ermessen eingeräumt wird und der Grundsatz der Verhältnismäßigkeit auch schon bei der Feststellung der Unzuverlässigkeit und damit auf der Tatbestandsseite zu berücksichtigen ist.[149]

Es ist daher zu prüfen, ob die Behörde dem Erlaubnisinhaber L vor dem Widerruf der Gaststättenerlaubnis nicht durch eine mildere *Abmahnung* eine Warnung hätte erteilen und ihm damit eine letzte Gelegenheit zur Änderung seines Verhaltens hätte geben müssen.

Eine Abmahnung versprach hier jedoch keinen Erfolg, da L aus einer wirtschaftlichen Schieflage heraus handelte und nichts dafür ersichtlich ist, dass sich daran etwas ändern wird.

6. (Zwischen-) Ergebnis

Der Widerruf der Gaststättenerlaubnis des L ist somit auch materiell rechtmäßig.

IV. Ergebnis

Die Gaststättenbehörde hat die Gaststättenerlaubnis des L rechtmäßig widerrufen.

---

[149] *Pöltl*, Gaststättenrecht, 5. Aufl. 2003, § 15, Rn. 31; *Metzner*, GastG, 6. Aufl. 2002, § 15, Rn. 50 f.

▶ Unsere 📖 Skripten 🗐 Karteikarten 𝄞 Hörbücher (CD & MP3)

Zivilrecht

- 📖 Standardfälle für Anfänger (7,90 €)
- 📖 Grundlagen und Fälle BGB für 1. und 2. Sem. (9,90 €)
- 📖 𝄞 Standardfälle BGB AT (7,90 €)
- 📖 𝄞 Standardfälle Schuldrecht (7,90 €)
- 📖 𝄞 Standardfälle Ges. Schuldverh., §§ 677, 812,823
- 📖 𝄞 Standardfälle Sachenrecht (7,90 €)
- 📖 𝄞 Standardfälle Familien- und Erbrecht (7,90 €)
- 📖 Klausuren Übung für Fortgeschrittene (7,90 €)
- 📖 𝄞 Basiswissen BGB (AT) (Frage-Antwort)
- 📖 𝄞 Basiswissen SchuldR (AT) 📖 𝄞 SchuldR (BT) (7 €)
- 📖 𝄞 Basiswissen Sachenrecht, 📖 𝄞 FamR, 📖 𝄞 ErbR
- 📖 Einführung in das Bürgerliche Recht (7,90 €)
- 📖 Studienbuch BGB (AT) (12 €)
- 📖 Studienbuch Schuldrecht (AT) (12 €)
- 📖 Schuldrecht (BT) 1 - §§ 437, 536, 634, 670 ff. (7,90 €)
- 📖 Schuldrecht (BT) 2 - §§ 812, 823, 765 ff. (7,90 €)
- 📖 SachenR 1 – Bewegl. S., 📖 SachenR 2 – Unb. S. (7,9 €)
- 📖 Familienrecht und 📖 Erbrecht (Einführungen) (7,90 €)
- 📖 Streitfragen Schuldrecht (7,90 €)
- 📖 𝄞 Definitionen für die Zivilrechtsklausur (9,90 €)

Strafrecht

- 📖 𝄞 Standardfälle für Anfänger Band 1 (9,90 €)
- 📖 𝄞 Standardfälle für Anfänger Band 2 (7,90 €)
- 📖 Standardfälle für Fortgeschrittene (12 €)
- 📖 𝄞 Basiswissen Strafrecht (AT) (Frage-Antwort)
- 📖 𝄞 Basiswissen Strafrecht BT 1 und 📖 𝄞 BT 2 (7 €)
- 📖 Strafrecht (AT) (7,90 €)
- 📖 Strafrecht (BT) 1 – Vermögensdelikte (7,90 €)
- 📖 Strafrecht (BT) 2 – Nichtvermögensdelikte (7,90 €)
- 📖 𝄞 Definitionen für die Strafrechtsklausur (7,90 €)

Irrtümer und Änderungen vorbehalten!

Öffentliches Recht

- 📖 Standardfälle Staatsrecht I – StaatsorgaR (9,90 €)
- 📖 Standardfälle Staatsrecht II – Grundrechte (9,90 €)
- 📖 𝄞 Standardfälle f. Anfänger (StaatsorgaR u. GRe) (7,9 €)
- 📖 Standardfälle Verwaltungsrecht (AT) (9,90 €)
- 📖 Standardfälle Polizei- und Ordnungsrecht (7,90 €)
- 📖 Standardfälle Baurecht (9,90 €)
- 📖 Standardfälle Europarecht (9,90 €)
- 📖 Standardfälle Kommunalrecht (7,90 €)
- 📖 𝄞 Basiswissen StaatsR I –StaatsorgaR (Fr-Antw.) (7 €)
- 📖 𝄞 Basiswissen StaatsR II –GrundR (Frage-Antw.) (7 €)
- 📖 Basiswissen VerwaltungsR AT– (Frage-Antwort) (7 €)
- 📖 Studienbuch Staatsorganisationsrecht (9,90 €)
- 📖 Studienbuch Grundrechte (9,90 €)
- 📖 Studienbuch Verwaltungsrecht AT (9,90 €)
- 📖 Studienbuch Europarecht (12 €) u. 𝄞 Basiswissen EuR
- 📖 Staatshaftungsrecht (9,90 €)
- 📖 VerwaltungsR AT 1 – VwVfG u. 📖 AT 2–VwGO (7,90 €)
- 📖 VerwaltungsR BT 1 – POR (7,90 €)
- 📖 VerwaltungsR BT 2 – BauR 📖 BT 3 – UmweltR (7,90 €)
- 📖 𝄞 Definitionen Öffentliches Recht (9,90 €)

Steuerrecht

- 📖 Abgabenordnung (AO) (9,90 €)
- 📖 Einkommensteuerrecht (EStG) (9,90 €)
- 📖 Umsatzsteuerrecht (9,90 €)
- 📖 Erbschaftsteuerrecht (9,90 €)
- 📖 Steuerstrafrecht/Verfahren/Steuerhaftung (7,90 €)

Sozialrecht

- 📖 Kinder- und Jugendhilferecht (7,90 €)
- 📖 Sozpäd. Diagn.: SPFH & ambul. Hilfen d. KJH
- 📖 Sozialrecht (7,90 €)

Nebengebiete

- 📖 𝄞 Standardfälle Handels- & GesR (7,90 €)
- 📖 𝄞 Standardfälle Arbeitsrecht (7,90 €)
- 📖 Standardfälle ZPO (9,90 €)
- 📖 𝄞 Basiswissen HandelsR (Frage-Antwort) (7,9 €)
- 📖 𝄞 Basiswissen Gesellschaftsrecht (7,90 €)
- 📖 𝄞 Basiswissen ZPO (Frage-Antwort) (7,90 €)
- 📖 𝄞 Basiswissen StPO (Frage-Antwort) (7,90 €)
- 📖 Handelsrecht (7,90 €)
- 📖 Gesellschaftsrecht (7,90 €)
- 📖 Arbeitsrecht (7,90 €)
- 📖 Kollektives Arbeitsrecht (9,90 €)
- 📖 ZPO I – Erkenntnisverfahren (7,90 €)
- 📖 ZPO II – Zwangsvollstreckung (7,90 €)
- 📖 Strafprozessordnung – StPO (7,90 €)
- 📖 Einf. Internationales Privatrecht - IPR (9,90 €)
- 📖 Standardfälle IPR (9,90 €)
- 📖 Einf. Internationales Wirtschaftsrecht (9,90 €)
- 📖 Insolvenzrecht (9,90 €)
- 📖 Gewerbl. Rechtsschutz/Urheberrecht (9,90 €)
- 📖 Wettbewerbsrecht (9,90 €)
- 📖 Ratgeber 500 Spezial-Tipps für Juristen (12 €)
- 📖 Mediation (7,90 €)

Karteikarten (je 9,90 €)

- 🗐 Zivilrecht: BGB AT/Grundlagen/ 𝄞 Schemata
- 🗐 Strafrecht: AT/BT-1/BT-2/Streitfragen
- 🗐 Öffentliches Recht: StaatsorgaR/GrundR/VerwR

Assessorexamen

- 📖 Der Aktenvortrag im Strafrecht (7,90 €)
- 📖 Der Aktenvortrag im Zivilrecht (7,90 €)
- 📖 Der Aktenvortrag im Öffentlichen Recht (7,90 €)
- 📖 Staatsanwaltl. Sitzungsdienst & Plädoyer (7,90 €)
- 📖 Die strafrechtliche Assessorklausur (7,90 €)
- 📖 Die Assessorklausur VerwR Bd. 1 (7,90 €)
- 📖 Die Assessorklausur VerwR Bd. 2 (7,90 €)
- 📖 Vertragsgestaltung in der Anwaltsstation (7 €)

Irrtümer und Änderungen vorbehalten!

BWL

- 📖 Einführung i. die Betriebswirtschaftslehre (7,90 €)
- 📖 Marketing (7 €)
- 📖 Organisationsgestaltung & -entwickl. (7,90 €)
- 📖 Internationales Management (7 €)
- 📖 Wie gelingt meine wiss. Abschlussarbeit? (7 €)

Irrtümer und Änderungen vorbehalten!

Schemata

- 📖 Die wichtigsten Schemata-ZivR,StrafR,ÖR (12 €)
- 📖 Die wichtigsten Schemata–Nebengebiete (9,90 €)

𝄞 bedeutet: auch als **Hörbuch** (CD oder MP3-Download) lieferbar!

Im **niederle-shop.de** bestellte Artikel treffen idR *nach 1-2 Werktagen* ein!